Stefan Skirl/Ulrich Schwalb

Vorsprung durch Einmaligkeit

Stefan Skirl/Ulrich Schwalb

Vorsprung durch Einmaligkeit

Bausteine und Wege zum Erfolgsprogramm

Die Deutsche Bibliothek - CIP-Einheitsaufnahme

Vorsprung durch Einmaligkeit : Bausteine und Weg zum Erfolgsprogramm / Stefan J. Skirl/Ulrich Schwalb. - Wiesbaden : Gabler, 1995
ISBN 978-3-409-18841-8 ISBN 978-3-322-87092-6 (eBook)
DOI 10.1007/978-3-322-87092-6
NE: Skirl, Stefan J. [Hrsg.]

Der Gabler Verlag ist ein Unternehmen
der Bertelsmann Fachinformation.
Betriebswirtschaftlicher Verlag Dr. Th. Gabler GmbH, Wiesbaden 1995
Chefredaktion: Dr. Andreas Lukas

Das Werk einschließlich aller seiner Teile ist urheberrechtlich geschützt. Jede Verwertung außerhalb der engen Grenzen des Urheberrechts ist ohne Zustimmung des Verlags unzulässig und strafbar. Das gilt insbesondere für Vervielfältigungen, Übersetzungen, Mikroverfilmungen und die Einspeicherung und Verarbeitung in elektronischen Systemen.

Höchste inhaltliche und technische Qualität unserer Produkte ist unser Ziel. Bei der Produktion und Verbreitung unserer Bücher wollen wir die Umwelt schonen: Dieses Buch ist auf säurefreiem und chlorfrei gebleichtem Papier gedruckt. Die Einschweißfolie besteht aus Polyäthylen und damit aus organischen Grundstoffen, die weder bei der Herstellung noch bei der Verbrennung Schadstoffe freisetzen.

Die Wiedergabe von Gebrauchsnamen, Handelsnamen, Warenbezeichnungen usw. in diesem Werk berechtigt auch ohne besondere Kennzeichnung nicht zu der Annahme, daß solche Namen im Sinne der Warenzeichen- und Markenschutz-Gesetzgebung als frei zu betrachten wären und daher von jedermann benutzt werden dürften.

ISBN 978-3-409-18841-8

Inhalt

Modul 1
Lassen Sie sich begeistern von außergewöhnlichen Persönlichkeiten 11

Sieben Facetten von Innovation und Kreativität
Stefan Skirl 13

Das Risiko 15
Personale Barrieren 16
Organisatorische Barrieren 17
Innovationsmanagement 19
Innovationstechniken und Instrumente 20
Offene Fragen 22

Innovation am Beispiel 3M
Otto Walter Uhl 27

Visionen gefragt 29
Innovation braucht Kultur 29
Struktur zum Erfolg 30
Customer Service Excellence 31
Eisberg der Ignoranz 33
Service-Erfolgs-Kette 34
Kommunikation nach innen 37
Interne und externe Qualität 38
Strategische Kommunikation 39

3M Kultur 41
Anforderungen und Leistungen 41
Mit Marketing-Effizienz zum Erfolg 44
3M und Umwelt 45
Quellen der Innovation 46

Herausforderung annehmen – Leben mit unheilbarer Krankheit
Claudion Kürten 49

Die Lösungs-Richtungen 50
Zielkorrektur, Abschied von Wünschen 51
Innovativ leben 52

Leidenschaftlich leben – Leben in Fülle gewinnen
Teresa Zukic 55

Fazit Modul 1: Lassen Sie sich be-Geist-ern – Erfahrungen außergewöhnlicher Persönlichkeiten 59

Modul 2
Von Winnern lernen – Was die Einmaligen anders machen 61

Dienstleister sein heißt, Kundenerwartungen zu übertreffen
Jürgen Bohne 63

Die Dienstleister müssen die Erwartungen
des Kunden kennen 65
Die Kosten sind entscheidend 67
Der Investor ist Langzeitkunde 69
Beim Kunden wird das Geld verdient......................70

Den Zufall provozieren – Beispiel eines neuen ökologischen Werkstoffs
Klaus Meinert...73

Die Idee..73
Die Planung..74
Der Flachs-Werkstoff 75
Die Planungsschritte 79
Die Vorbereitungsmaßnahmen 81
Die Produktweiterentwicklung 82
Schaffung der Produktionsbedingungen....................83
Unsere vielleicht wichtigste Erkenntnis 87

Motivation zur Innovation – Freisetzung von Kreativpotential
Rosemarie Hardt/Werner Schalow...............................89

Erschließung innovativer
bereichsinterner Ressourcen......................................91
Innovationsprojekte und Umsetzung
innovativer Maßnahmen 97

Fazit Modul 2: Von Winnern lernen – Was machen die Einmaligen anders?.............101

Modul 3
Bausteine zur Einmaligkeit –
Wege in eine erfolgreiche Zukunft 105

Die Kreativität der Zukunft –
Die neue Online-Kreativität
Michael-A. Konitzer 107

Szenarien 107
Der Rezipient wird kreativer Produzent................110
Der Rezipient wird kreativer Prosumer.................115
Der Rezipient wird kreativer Netzwerk-Nomade...118
Die Kreativität wird digital......................................121
Die Kreativität beschleunigt sich radikal..............125
Die Kreativität wird fraktal 126
Die Online-Welt und ihre Kreativität
schafft völlig neue Probleme 128
Die Kreativität der Zukunft
bringt völlig neue Gefahren 130

Chancen und Risiken auf dem Weg zu
kompromißloser Kundenorientierung
Michael Pankow 133

GROHE – ein Teilnehmer
des Sanitärmarktes in Deutschland....................133
Zielgruppenmarketing und
konsequente Kundenorientierung 136
Warum ist beste Kundenorientierung heute
und vor allen Dingen morgen entscheidend
für den Erfolg? 139
Beispiele aus einem Neupositionierungsprozeß 143

Risikoreicher Aktionismus versus
Kontinuität und Beständigkeit 150
Fundament – Dynamik – Kontinuität 151

Innovation – Zauberformel oder Knochenarbeit
Reinhard Gereth 155

Atemberaubende Beispiele
der letzten Jahrzehnte 157
Das Ziel heißt Innovationsfähigkeit 158
Neue Wege finden 160
Für Innovationen gibt es kein einfaches Rezept 162

Einstellungs- und Bewußtseinswandel in der Berufs- und Privatwelt
Ulrich Schwalb 167

Strategie I: Ziel und Ergebnissteuerrung 168
Strategie II: Prozeß- und Verhaltenssteuerung 169
Strategie III: Einstellungs- und Bewußtseinsentwicklung 169
Eine pragmatische und ethische Vision 172

Fazit Modul 3: Bausteine zur Einmaligkeit – Wege in eine erfolgreiche Zukunft 175

Autoren und Herausgeber 178

Modul 1

Lassen Sie sich begeistern von außergewöhnlichen Persönlichkeiten

Modul 1

Sieben Facetten von Innovation und Kreativität

Stefan Skirl

Bei einer Betrachtung der derzeitigen wirtschaftlichen Szene läßt sich ein Streben nach Einmaligkeit nur in wenigen Fällen beobachten. Im Gegenteil – wohin man blickt ein Einerlei in den Maßnahmen:

- Kostenreduzierungsprogramme,

- Personalanpassung in Form von Frühpensionierungen oder Entlassungen,

- Leanproduction, Leanmanagement, Leansales usw.

Diese Aktivitäten werden zum Teil verbunden mit Kaizen, Reengineering, dezentraleren Organisationskonzepten, flachen Pyramiden und diversen Qualitätskonzepten. Schon heute läßt sich absehen, daß bei einer wieder anziehenden Konjunktur Personalanpassung in der umgekehrten Richtung erforderlich sein wird. Denn von lean management oder lean production zur Magersucht ist bekanntlich nur ein kleiner Schritt.

Dabei ist gegen die cost saving Programme natürlich nichts zu sagen. Wenn eine Organisation Fett angesetzt hat und durch die positive Konjunkturentwicklung träge geworden ist, kann eine Diät nur hilfreich sein. Und doch ist die grenzenlose Phantasielosigkeit des Managements in der heutigen Zeit geradezu grenzenlos. Das Institut für angewandte Kreativität (IAK) hat bei jeder Gelegenheit in den Unternehmen nachgefragt:

- Wieviel Programme, Gruppen gibt es bei Ihnen, die sich mit Kostenreduzierungen, Einsparungen, Personalanpassung beschäftigen?

- Wieviel Programme und Gruppen gibt es, die sich mit neuen Geschäftsideen, mit neuen Business-Möglichkeiten, neuen Dienstleistungen, neuen Möglichkeiten der Vermarktung von vorhandener Expertise beschäftigen?

Die Antwort war fast immer die gleiche. Zu Frage eins eine mehr oder weniger hohe Zahl, zu Frage zwei null. Selbst in Unternehmen, die nicht von der Rezession gebeutelt wurden, keine anderen Antworten. Statt sich strategisch auf die neuen, schon jetzt absehbaren Herausforderungen einzustellen, wurde verbissen auf die Höhe der Kosten und die Mitarbeiterzahl geschaut.

Kein Wunder, daß eine breit angelegte Untersuchung von Kienbaum ergeben hat, daß in den deutschen Chefetagen analytisch begabte Pfennigfuchser das Sagen haben, während innovative und visionär begabte Führungskräfte nur selten zu finden sind.

Kein Wunder, daß die Patent- und Lizenzbilanz der Bundesrepublik Deutschland gegenüber Japan und den USA seit Jahren negativ ist.

Kein Wunder, daß Konzepte des permanenten Verbesserungsprozesses aus Japan und nicht aus Deutschland stammen und hier meist nur stümperhaft übernommen werden.

Kein Wunder, daß eine ganze Zahl zukunftsträchtiger Industriezweige in Deutschland kaum noch Bedeutung haben. Die Fotoindustrie, Fernsehen, die Chipindustrie, die neuen Datenautobahnen und eine Menge anderer sind nicht mehr Domäne des Volks der Dichter und Denker.

Vorsprung entwickelt sich durch Einmaligkeit, also durch Kreativität und Innovation. Die Vielfältigkeit dieser Thematik soll hier in einem ersten Schritt deutlich gemacht werden.

Das Risiko

Kreativität und Innovation ist immer Veränderung ins Ungewisse. Eine neue Idee läßt sich nicht beweisen, der Markterfolg eines neuen Produktes nicht sicher belegen, der neu gestaltete Prozeß verursacht immer auch ein Stück Angst, ob er denn tatsächlich so funktioniert.

Das Schicksal vieler hochkreativer Persönlichkeiten der Geschichte belegt dies. Der Giftbecher des Sokrates, die Kreuzigung von Jesus, das Abschwören von Galilei, die Verunglimpfungen, denen Freud ausgesetzt war, oder die Beschimpfung von Semmelweiß, der die Ursache des Kindbettfiebers in mangelnder Hygiene seiner Kollegen identifizierte, als Nestbeschmutzer sind nur einige Beispiele.

Jeder innovative Prozeß enthält neben einem konstruktiven Teil auch immer einen destruktiven. Ein Produkt oder ein Prozeß wird ersetzt, eine neue Erkenntnis kommt an die Stelle einer alten, eine neue Produktionsform ersetzt ein bis dato praktiziertes Konzept.

Damit kommt zum Risiko des Scheiterns einer neuen Idee immer noch der Widerstand derjenigen, die Anhänger des bewährten, des jetzt praktizierten sind. Hier werden Innovationen totgerechnet, die Marktforschung liefert entsprechende Zahlen und die Prognosen lassen Düsteres erahnen. Und hier auf diesem Felde sind selbst größte Geister nicht vor Irrtümern gefeit:

Jahr	*Autor*	*Zitat*
1932	Albert Einstein	Es gibt nicht das geringste Anzeichen, daß wir jemals Atomenergie entwickeln können.
1943	Thomas J. Watson CEO IBM	Ich glaube, der Weltmarkt hat Raum für fünf Computer, nicht mehr.

1957	Lee de Forest Erfinder der Kathodenröhre	Trotz aller Fortschritte wird es der Mensch nie dahin bringen, den Mond zu erreichen.
1977	Ken Olsen CEO Digital	Ich sehe keinen Grund, warum einzelne Individuen ihren eigenen Computer haben sollten.

Die innovative Persönlichkeit lebt gefährlich. Kein Wunder, daß sich viele Führungskräfte auf Kosten und Controlling stürzen. Personalanpassung über Frühpensionierung ist zwar teuer, aber „rechnet" sich. Und vor welchen Aufsichtsrat kann man nicht mit stolzgeschwellter Brust treten, daß die gleiche Arbeit jetzt mit weniger „Mannschaft" bewältigt wird.

Personale Barrieren

Es gibt keinen besser wirkenden Klebstoff als die Gewohnheit. Dieser Satz wird immer wieder deutlich bei jeder notwendigen Veränderung. Egal ob es darum geht, neue Postleitzahlen auswendig zu lernen, sich die Veränderung einer Telefonnummer zu merken oder ein bestimmtes in der beruflichen Situation häufig praktiziertes Muster zu verändern. Der eigene Widerstand ist massiv.

Unser Gehirn ist ein Organ, daß ein Modell der Realität entwickelt, um unser körperliches und soziales Überleben zu sichern. Dies geschieht in Form sogenannter Denkmuster oder auch dem Anlegen von „Schnellstraßen" (Ornstein). Dieses Modell ist das Ergebnis unserer bisherigen Lernerfahrungen und dokumentiert damit die Verhaltensweisen, mit denen wir Erfolg bekamen und Mißerfolg vermieden.

Jede Innovation bedeutet den Zwang zur Veränderung. Den Wechsel lieben, Change Management, das einzige, was noch gilt, ist der

Wandel, sind markige Managementworte, die diesen Sachverhalt beschreiben.

Ohne Zweifel richtig, aber noch keine Hilfe bei der Realisierung. Wir sind genetisch geprägt, etwas „Neues" als Gefahr zu erleben. Ein uns unbekanntes Tier als ungefährlich einzuordnen, wäre bei einer Fehleinschätzung der letzte Akt im jeweiligen Leben gewesen. Das Gegenteil, eine neue Situation als gefährlich einzuschätzen, entsprechend zu reagieren, den Fehler zu erkennen und zu revidieren, ist ohne Konsequenzen möglich.

So ist neben den vielen Barrieren, die aus dem Umfeld innovatives Verhalten erschweren, bereits in unserem Kopf systemimmanent eine gravierende personale Barriere vorhanden. Daß diese Barrieren durch geistige Unbeweglichkeit, durch tradierte Verhaltensweisen, Entschlußlosigkeit, Mangel an Selbstvertrauen in sehr unterschiedlichen Ausprägungsformen vorhanden sind, versteht sich von selbst.

Organisatorische Barrieren

Eine Untersuchung über die innovationshemmenden Faktoren bei über 350 Führungskräften vornehmlich aus der Industrie ergab folgende Schwerpunkte:

Starre Organisationsstruktur
Durch eine starke Hierarchie wird der Ideenfluß in vertikaler Richtung unterbrochen. Eine eingeschworene Führungsmafia läßt sich das Heft nicht aus der Hand nehmen. Das Erhalten von Pfründen, eingefahrene Denkschemata und die Etablierung von Bereichsgrenzen sind typisch.

Kontrolle und Mißtrauen
Von der Delegation von Verantwortung und Kompetenz wird viel geredet, praktiziert wird wenig. Die Führungskräfte üben eine

permanente Kontrolle aus. Das Sicherheitsdenken ist extrem ausgeprägt mit einer Risikobereitschaft, die gegen null tendiert. Das Abschreiben von Aktennotizen mit gigantischem Verteiler ist an der Tagesordnung.

Informationsfluß/Durchlaufzeiten
Das Feedback zu einem Verbesserungsvorschlag dauert manchmal mehrere Wochen. Große Entfernungen zwischen Bereichen machen die Verständigung schwierig. Informationen werden im Sinne eines Machterhalts nicht weitergeleitet. Sie werden zum Teil nur unvollständig an andere Stellen abgegeben.

Umgang miteinander
Die Art und Weise des Umgangs miteinander ist geprägt von Konkurrenzdenken und Neid. Wirkliche Teamarbeit ist die Ausnahme. Ellenbogentaktik und Durchsetzen der eigenen Meinung – koste es, was es wolle – stehen einseitig im Vordergrund. Kritik in allen Formen und Facetten ist der herrschende Umgangston.

Innovationsfeindliche Belohnungssysteme
Die Erarbeitung und Einhaltung des Budgets ist ein ganz entscheidender Faktor in der Personalbeurteilung. Nicht Innovationen werden belohnt, sondern das klassische Fortschreiben des jeweiligen Geschäftes. Risiken sind verpönt. Veränderungen des Budgets durch neue Ideen werden nur in Ausnahmefällen akzeptiert.

Tagesroutine
Nach den verordneten Schlankheitskuren sind die Mitarbeiter und Führungskräfte derart im Tagesgeschäft eingespannt, daß das Arbeiten an Konzeptionen schon aus Zeitgründen weitgehend entfällt.

Innovationsmanagement

Entscheidender Faktor für die Realisierung einer positiven Innovationskultur in allen Organisationen ist die Führungscrew. Der Autor war Zeuge, wie in einem großen Unternehmen Innovationsmangel diagnostiziert wurde. Einige Bereiche erklärten sich bereit, Pilotfunktion zu übernehmen. Die Bereichschefs bestimmten einige junge, hungrige Mitarbeiter zum Projektteam und einige erfahrene Hauptabteilungsleiter zum sogenannten Innovationsausschuß.

Aufgabe: Steigerung der Motivation zur Innovation in den mitwirkenden Bereichen.

Das Projektteam begann begeistert und engagiert zu arbeiten. Man tauschte sich aus, entwickelte erste Konzepte, sprach mit anderen Mitarbeitern und bereitete die erste Präsentation beim Bereichschef vor, die dann allerdings durch den Innovationsausschuß erfolgte. Reaktionen aus diesem Meeting waren nicht zu erkennen. Der Bereichschef war nie bei einem Meeting der Projektgruppe dabei, noch suchte er die unmittelbare Kommunikation.

Nach drei Monaten erfolgte eine zweite Präsentation mit ähnlichen Reaktionen. Die Power in der Projektgruppe nahm langsam, aber sicher ab. Sie erlebte bei der Führung keine Konsequenzen, keine Reaktion. Die Frage nach der Alibifunktion kam auf. Die ersten Bereiche fanden Argumente, daß es jetzt nicht der richtige Zeitpunkt ist, an diesem Thema weiterzuarbeiten. Es seien jetzt andere Prioritäten erforderlich.

Das Projekt ging den Weg vieler Projekte. Es schlief langsam ein. Entscheidender Erfolgsfaktor für Innovationen sind die Signale, die durch das Management gesetzt werden. Jeder Mitarbeiter in jeder Organisation hat eine Menge an Projekten hinter sich, die mit großer Euphorie begannen und sich anschließend über mehrere Phasen ins Nichts auflösten. Jeder Mitarbeiter schaut bei einem neuen Projekt nach oben. „Was macht die Hierarchie?" Und nur, wenn sich dort etwas ändert, ändert sich etwas bei den Mitarbeitern.

Wenn das Innovationsverhalten in der Organisation nicht ausreichend war, muß sich auch auf der Chefebene irgend etwas verändern, weil dort schließlich die sinngebende Kraft sitzt. Bleibt dort alles beim Alten, identifizieren die Mitarbeiter das Projekt als Alibiveranstaltung, als neues Ausbeutungsinstrument, als Beschäftigungstherapie oder irgend etwas ähnliches. Es beginnt einzuschlafen und zu verkümmern.

Innovationstechniken und Instrumente

Für wichtige Phasen des Innovationsprozesses stehen heute eine Vielzahl von Instrumenten und Techniken zur Verfügung, um die Parts zu optimieren.

Dabei handelt es sich einmal um klassische Kreativitätstechniken, mit deren Hilfe innovative Denkprozesse simuliert werden können. Trotz vieler Seminare und Trainingsveranstaltungen und trotz Nachweis der Effektivität dieser Techniken läßt ihre Anwendung immer noch sehr zu wünschen übrig. Eine der Hauptursachen ist die unprofessionelle Anwendung speziell in Gruppensituationen, in denen diese Techniken gerade besonders effektiv sind.

Die Entwicklung ist inzwischen weiter fortgeschritten. Phantasiereisen, Zukunftsszenarien, ganzheitliche Betrachtungen mit Einbeziehung aller Eingangskanäle sind Ansätze, um das vorhandene kreative Potential von Menschen verstärkt zu nutzen.

Neue Meetingformen, speziell gestaltete Großveranstaltungen, Einbeziehung von externen Experten, Kunden und Lieferanten sind neue organisatorische Formen, um ein breites Spektrum an Know how und Wissen für den Innovationsprozeß zu nutzen. All diese

Ansätze bedürfen einer intensiven Vorbereitung und eines auf die Bedürfnisse der jeweiligen Organisation abgestimmten Konzepts, um erfolgreich zu sein. Sie bieten dann allerdings die Chance für ein hohes Innovationspotential, das schon vom Ansatz her durch die breite Beteiligung hohe Akzeptanz genießt.

Beispiel für kreative und innovative Leistungen sind meist Produktbeispiele. Die Erfindung des Buchdrucks durch Gutenberg gehört zum Standardrepertoire. Daß Kekule im Halbschlaf eine sich in den Schwanz beißende Schlange sah und daraus die ringförmige Struktur des Benzols ableitete, ist auch weitgehend bekannt. Daß der Hochhausbau, als eine wesentliche Grundidee, von Vogelbauern abgeschaut wurde, gehört schon weniger zum klassischen Wissensstandard. Daß die Idee für die Toyota-Tierwerbung einem kreativen Agenturmann kam, als seine Kinder ihn aufforderten, zusammen eine amerikanische Tierfernsehsendung anzuschauen, ist weniger bekannt.

Die Tatsache, daß gerade die Natur häufig als Grundlage für Ideen verwendet wird, ist immer wieder Presseberichten zu entnehmen. So hat der Samen des Löwenzahn bei der Entwicklung des Fallschirms geholfen, die Flughäute der Fledermäuse haben Impulse für die Entwicklung der Drachenflieger gegeben, die Schutzfunktion des Pilzhutes wurde auf den Regenschirm übertragen usw. usw.

Das Strickmuster ist immer das gleiche. Kreative Ideen werden gefördert durch Wegdenken. Probleme werden gelöst durch sich lösen vom Problem. Durch Suchen von anderen, ungewöhnlichen Informationen, die dann mit dem jeweiligen Problem verknüpft werden, entsteht die Grundlage jeder Innovation.

Offene Fragen

Die Hinweise, wie Innovationsprozesse erfolgreich zu gestalten sind, sind zahllos und in ihrer Widersprüchlichkeit grandios. Innovation wird dabei noch häufig verwechselt mit der Schnelligkeit der Reaktion oder der Intensität der Kundenorientierung. Einige der kontroversen Thesen zur Innovation sollen im folgenden kurz dargestellt werden. Alle sind nicht eindeutig zu beantworten. Ihre Klärung wäre ein wichtiger Schritt, um das Innovationsgeschehen besser in den Griff zu bekommen.

Das Team versus den Champion
Die Vorteile von Teams gerade bei kreativen Prozessen liegen auf der Hand und haben sich heutzutage auch in Chefetagen weitgehend herumgesprochen. Dennoch sind viele Innovationen heute mit dem Namen einzelner Personen verbunden. Die vielzitierte Swatchuhr von Hayek, nahezu die gesamte Software-Branche mit Bill Gates, die Entwicklung der Weltraumfahrt mit Wernher von Braun etc., etc.

Eine gültige Antwort steht sicher noch aus. Die einseitige Belohnung des Individuums in Organisationen, die Konsequenzen aus dem Patentrecht, die Meinung z.B. in den deutschen Großforschungsanlagen, daß auf Veröffentlichungen möglichst nur ein Name stehen sollte, das Verbot von Teampromotionen sind nur einige Beispiele für „teamfeindliche" Verhalten im näheren und weiteren Umfeld.

Der systematische Sucher versus
den chaotischen Querdenker
Bei VW hat sich das Scheitern des kreativen Querdenkers Goedevert gegen den erbarmungslosen und konsequent arbeitenden Systematiker Lopez besonders deutlich gezeigt. In vielen Agenturen ist der runde Tisch mit viel Chaos, mit spontaner und assoziativer Denkarbeit tägliches Geschäft. In Pharmafirmen werden hunderte von Substanzen geprüft, weiterentwickelt, verworfen und in seltenen Fällen zu einem erfolgreichen Medikament weiterentwickelt.

Ist der disziplinierte und analytische Sucher, der ein bestimmtes Gebiet abarbeitet dem chaotischen, mehr in unterschiedliche Richtungen zufällig Suchenden überlegen? Sicher ist die Branche und die damit verbundene Fragestellung ein Aspekt für die Beantwortung der These. Klare Kriterien, wann welcher Arbeitsweise der Vorzug zu geben ist oder ob in einem Innovationsprozeß in unterschiedlichen Phasen unterschiedliche Schwerpunkte gefragt sind, steht noch offen.

Zeitdruck versus Reifenlassen
Die alte Lebenserfahrung, daß auf der einen Seite Not erfinderisch macht, auf der anderen der Druck, zu einem bestimmten Termin eine bestimmte Leistung abzugeben zu erhöhter Leistung führt, steckt hinter dieser These. Streß kann lähmend oder anspornend sein. Bestimmte Ideen und Konzepte können nicht erzwungen werden, sondern bedürfen einer Reifezeit. So ist hier eine weitere Facette im Innovationsprozeß, die noch der Klärung bedarf.

Innovationssprung versus Verbesserungsinnovation
Der Druck der Märkte wird größer. Auf der einen Seite ist es erforderlich, sich zum global player zu entwickeln, auf der anderen Seite ist Schnelligkeit fast in allen Branchen ein strategischer Erfolgsfaktor. Ergebnisse werden immer kurzfristiger gefordert. In den USA machen die Quartalsberichte den Vorstand zu einem „Kurzfristdenker". In Mitteleuropa werden ähnliche Tendenzen sichtbar. Dies führt zu einer Favorisierung der Verbesserungsinnovation.

Der Relaunch von Produkten ist an der Tagesordnung. Modifikationen und neue Ausprägungen stehen im Mittelpunkt der Aktivitäten. Innovationen, die einen qualitativen Sprung ermöglichen, kosten zwangsweise mehr Zeit, können dann aber das Geschäft für mehrere Jahre nachhaltig beeinflussen. Die richtige Balance zwischen Verbesserungen und Durchbruchsinnovationen zu finden – eine weitere, noch ungeklärte These.

Geheime Kommandosache versus offene Kommunikation
Für beide Konzepte gibt es zahlreiche Beispiele. Die neue Idee wird als vertraulich behandelt und in exklusiven Zirkeln abgear-

beitet und umgesetzt. Erst wenn der Vorsprung gegenüber der Konkurrenz weit genug und uneinholbar ist, wird das Konzept bekanntgegeben. Der Kunde steht nicht im Mittelpunkt der Überlegungen. Das Konzept spricht für sich.

Eine neue Überlegung wird in möglichst vielen Gremien diskutiert. Ein großer Teil der Mitarbeiter wird in den Prozeß der Entwicklung und des Denkens einbezogen, um von vornherein breite Akzeptanz zu schaffen. Mit Kunden und Lieferanten entsteht ein intensiver Kommunikationsprozeß, um den vorhandenen Bedarf genau zu treffen und möglichst optimal zu produzieren.

Die Vor- und Nachteile beider Konzepte liegen auf der Hand. Sie zu gewichten und zu quantifizieren, ist im Einzelfall vielleicht möglich, eine generelle Innovationsstrategie abzuleiten ist sicher beim jetzigen Stand des Wissens noch nicht denkbar.

Die sieben Facetten erheben weder den Anspruch auf Vollständigkeit, noch sind sie in all ihren Bedeutungen und Ausprägungen beschrieben worden. Sie sollen das Thema der Einmaligkeit, das den Vorsprung durch Kreativität und Innovation sichert, in seiner Bandbreite bewußt machen und die verschiedenen Beiträge einzuordnen helfen. Aus den Antworten, die einzelne Menschen oder Organisationen gefunden haben, können alle lernen.

Literatur:

Adriani, B.; Cornelius, R. u.a.:
   Hurra, ein Problem – Kreative Lösungen im Team, Gabler, Wiesbaden 1995.
Berth, R.:
   Erfolg – Überlegenheitsmanagement: 12 Mind-Profit-Strategien mit ausführlichem Testprogramm, Econ, Düsseldorf 1993.
Biallo, H.:
   Die geheimen deutschen Weltmeister – Mittelständische Erfolgsunternehmen und ihre Strategien, Ueberreuter, Wien 1993

Katzenbach, J. R.; Smith, D. K.:
Teams – Der Schlüssel zur Hochleistungsorganisation, Ueberreuter, Wien 1993

Ornstein, R.:
Multimind – Ein neues Konzept des menschlichen Geistes, Junfermann, Paderborn 1992

Peters, T.:
Jenseits der Hierarchien – Liberation Management, Econ, Düsseldorf 1992

Skirl, St.:
Mobilisierung aller Kräfte – 10-Punkte Programm für Innovation und Fortschritt, in: GABLERS MAGAZIN 6-7/94, S. 62-67

Skirl, St.; Schwalb, U. (Hrsg.):
Das Ende der Hierarchien – Wie Sie schnell-lebige Organisationen erfolgreich managen, Gabler, Wiesbaden 1994.

Weyh, H.; Krause, P.:
Kreativität – Ein Spielbuch für Manager, Econ, Düsseldorf 1992.

Zippert, Ch.:
Ich habe einen Traum – Texte und Reden von Martin Luther King, Kiefel Verlag, Gütersloh 1994

Innovation am Beispiel 3M

Otto Walter Uhl

Die Zukunft hat viele Namen,
für die Schwachen ist sie das Unerreichbare,
für die Furchtsamen das Unbekannte
und für die Tapferen ist sie die Chance.
(Victor Hugo)

Erster sein, Pioniertaten vollbringen, die Dinge der Welt wieder ein Stückchen vorantreiben. Das ist das Ziel eines innovativen Unternehmens wie 3M. Pioniere haben schon immer die Welt verändert, im großen wie im kleinen. Der erste Mensch auf dem Mond ist in aller Erinnerung. Es war der Amerikaner Neil Armstrong. Er hat diesen für ihn kleinen und die Menschheit großen Schritt getan, der die Welt danach verändert hat. Auch die Pionierleistungen aus den Unternehmen sind in den Köpfen der Menschen verankert. Es seien nur zwei herausgegriffen: Der Walkman. Er wurde bei Sony erfunden und hat in einer ganzen Generation die Art, Musik zu genießen, verändert. Oder Post-it, die gelben Haftzettel. Sie haben inzwischen in der ganzen Welt die Art verändert, Notizen in Büros weiterzugeben und aufzubewahren. Post-it kommt von 3M. Pionierprodukte wie dieses prägen das Denken der Menschen über das Unternehmen. Sie sind ganz wichtig für das Image und das Erscheinungsbild einer Firma.

Wer heute 3M sagt, meint auch immer Innovation. Das gehört zu den Eigenarten unserer Firma: Wir haben 60 000 Produkte, die resultieren aus 100 Technologien. Das ist eine der Künste des Unternehmens, aus diesen Basis-Technologien immer wieder neue Produkte zu generieren. Seit Bestehen des Unternehmens gibt es eine Basis-Zielsetzung, die lautet: 30 Prozent der Umsätze sollen mit Produkten erzielt werden, die es vor vier Jahren noch nicht gab. Dies ist eine hohe Verpflichtung. Deshalb investiert 3M 7,3 Prozent des Umsatzes in Forschung und Entwicklung. Das war im letzten Jahr über eine Milliarde US-Dollar. Das ist über Gebühr hoch, etwa doppelt so viel wie der Industrie-Durchschnitt in diesem Bereich. 3M setzte 1993 weltweit 14 Milliarden US-Dollar um, das sind nach heutigem Dollarkurs 22 Milliarden D-Mark. In Europa werden 3,6 Milliarden Dollar umgesetzt, in Deutschland eine Milliarde Dollar. Deutschland hat also einen Anteil von über 25 Prozent innerhalb Europas. Das Marktvolumen entspricht diesem Wert.

„Master of Innovation", unter diesem Schlagwort wird das Unternehmen 3M in der Geschäftswelt gehandelt. Veröffentlichungen über 3M in marktführenden Zeitschriften wie der „Business Week" in Amerika oder dem „Manager Magazin" in Deutschland belegen das in eindrucksvoller Weise. Was für jedermann sichtbar ist, sind unsere innovativen Produkte. Dahinter steht, nicht minder innovativ, eine Unternehmenskultur und Organisation, die solche Pionierleistungen überhaupt erst ermöglichen kann. Ein ganz bestimmtes strategisches Grundverhalten ist Voraussetzung für Innovation. Man kann Innovation nicht befehlen oder nur Geld ausgeben. Damit allein kommt noch keine Innovation zustande. Es muß eine Grunddenkweise im Unternehmen vorherrschen, die sich besonders bei den Führenden konzentriert.

Eine der Maximen bei 3M lautet daher: „Die Aufgabe der Führungskraft besteht darin, das Unternehmen nicht so zu sehen, wie es ist, sondern so zu sehen, wie es sein sollte." Daraus resultiert eine an vielen Orten spürbare schöpferische Unruhe, die dazu führt, daß viele Mitarbeiter ständig Visionen vor sich hertragen und alle an dem Prozeß beteiligt sind, zu überlegen, wie das, was das Unternehmen sein will, auch tatsächlich zu erreichen ist. Das ist eine Massenbewegung. Für das Management bedeutet dies, es gilt nicht, Vorhandenes zu verwalten, sondern die gesunde schöpferische Unruhe immer wieder zu schüren und voranzutreiben und den Mitarbeitern Visionen zu geben. Dazu gehört ein strategisches Verhalten mit dem Antrieb, der erste und der Gewinner sein zu wollen.

Visionen gefragt

Visionen sind ein Stoff, den ein Unternehmen wie 3M zum Leben braucht. Sie sind nichts anderes als Zukunftsbilder, vermischt mit den Realitäten von heute, wenn man die Zeitachse betrachtet. Eine Vision wird immer mit einer zentralen Aussage belegt, zum Beispiel „Wir wollen die innovativste Firma sein".

Die Führung des Unternehmens ist dafür verantwortlich, die Vision zu entwickeln und die Mitarbeiter in den Stand zu versetzen, daß die Vision auch erreicht werden kann. Führungskräfte müssen sich hier als Helfer für die Mitarbeiter betätigen: Gebraucht wird ein Umfeld schöpferischer Unruhe und ein Zustand, der die Mitarbeiter aus der Komfortzone herausführt. Da muß der Zaun niedergelegt werden, damit ein eng umgrenzter Arbeitsbereich verlassen werden kann, damit der Aufbruch zu einer Vision auf einem neuen, bisher nicht gegangenen Weg überhaupt vonstatten gehen kann. Denn der unsichtbare Zaun ist es, der die Mitarbeiter oft daran hindert, neue Wege zu gehen. Hinter dem Zaun beginnt oft eine Phase subjektiver Unsicherheit und Unbequemlichkeit, und hier genau müssen Führende ansetzen. Wenn der Mitarbeiter spürt, daß jetzt der neue, aber ungewöhnliche Weg kommt, dann braucht er Ermutigung, Anregung, Unterstützung. Und er braucht ein klar formuliertes Ziel. All das ist Manager-Aufgabe.

Innovation braucht Kultur

Die Art und Weise, wie in einer Firma gedacht wird und gedacht werden darf, ist eine Frage der Kultur. Diese hat einen maßgeblichen Einfluß darauf, was an Innovationen am Ende herauskommt. Kultur ist ein weicher Faktor, sie ist eine Sache der menschlichen Umgebung. Wir sehen es als Führungsaufgabe an, jeden Tag an einer Umgebung zu arbeiten, die Innovation ermutigt. Hier wird deutlich: Innovation ist weit mehr als nur der richtige Einsatz von Geld. Mit Geld kann man natürlich neue Produkte, neue Technologien und neue Unternehmen kaufen, aber das alles allein macht noch keine innovative Firma. Erst die Kultur und die Vorgehensweisen schaffen das dafür nötige Klima: Es geht darum, daß die Mitarbeiter Mut haben, Risiken einzugehen und nicht bestraft werden, wenn sie Fehler machen.

Das schafft nur ein Management, das immer wieder bereit ist, neue Dinge zu denken und neue Wege zu gehen. Diese Kultur hat bei 3M eine lange Tradition. Bereits 1948 formulierte der damalige 3M Chairman William McKnight: „Ein Management, das überkritisch auf Fehler reagiert, zerstört Eigeninitiative. Doch Mitarbeiter mit persönlichem Engagement sind lebenswichtig, wenn eine Firma weiter wachsen will." Ein Grundsatz, der heute noch gilt.

Struktur zum Erfolg

Auf der Produktseite werden für Innovationen Strukturen gebraucht, die das Entstehen von Neuheiten anregen und begünstigen. Dafür hat 3M, ungewöhnlich für ein Unternehmen unserer Art, drei Ebenen. Die Grundlagenforschung, die Sektorenforschung und die Produktforschung.

- Die *Grundlagenforschung* sitzt am Entstehungsende vieler Zukunftsinnovationen des gesamten Unternehmens. Hier wird heute angedacht, was morgen weiterentwickelt und übermorgen zum Produkt werden soll.

- Die zweite Ebene, die *Sektorenforschung*, ist bereits produktbezogen. Im weitesten Sinne gibt es drei große Felder. Da ist einmal alles, was mit Bildaufzeichnung zu tun hat; vom Film über elektronische Bildaufzeichnungen, Magnetbänder, Magnetplatten bis hin zur Bildplatte. Der zweite Bereich, Industrie und Consumer, umfaßt im wesentlichen Klebebänder, Klebstoffe, Schleifmittel sowie Artikel für die Hausfrau und den Do-it-yourself-Markt.

- Das dritte Segment sind *Produkte* für den großen Markt „Gesundheit". In der Sektorenforschung werden Technologien erforscht, die jeweils spezifisch zu einem der drei Bereiche gehören.

Eine Ebene tiefer stehen die Divisions – das sind eigenständige Unternehmensbereiche, insgesamt 55. Diese sind je für sich für einzelne Märkte zuständig. Am Beispiel Gesundheit könnte das etwa der Zahnarzt sein, der praktische Arzt oder das Krankenhaus. Unter Industrie/Consumer könnte das die Maschinenfabrik sein, Schleiftechnologie, Klebetechnologie oder eine andere Konsumenten-Produktlinie. Wichtig ist, daß die Produkte jeweils in Divisions gehören, die Technologie aber dem ganzen Unternehmen. Jede der Divisions hat also Zugriff auf die Technologien, die unternehmensweit verwendet werden. Am praktischen Beispiel: Schleiftechnologie ist im Unternehmen an verschiedenen Orten zu Hause. Ein Einsatzbereich ist etwa die Zahnarztpraxis. Hier gibt es ein ganz dünnes Schleifpapier von 3M mit Diamantstaub, mit dessen Hilfe der Zahnarzt den Zement zwischen den Zähnen entfernen kann. Schleiftechnologie, die stets auf verwandten Grundprinzipien beruht, wird dann aber auch in ganz anderen Bereichen eingesetzt, etwa in der Schreinerei oder in der Gießerei.

Customer Service Excellence

Ein innovatives Unternehmen lebt freilich nicht nur von seinen Produkten. Innovationen müssen sich auch in der Beziehung zum Kunden bemerkbar machen. Denn das beste Produkt nützt nichts, wenn die Kundenbeziehung nicht stimmt. Das zeigt eine Untersuchung der Forum Corporation. Hier wurde gefragt, warum Kunden zur Konkurrenz abwandern. Die wichtigsten Abwande-

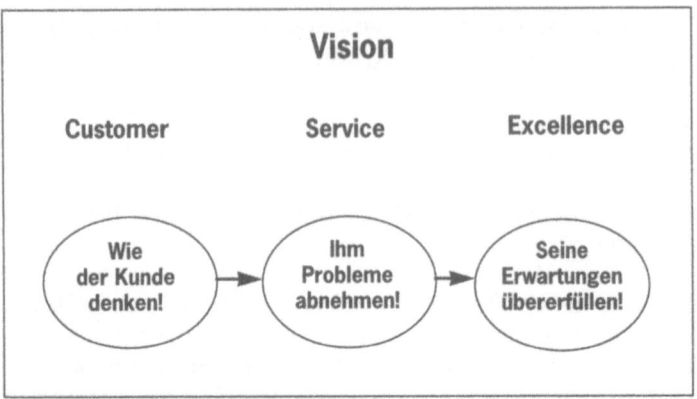

Auf Kundenwünsche einstellen

rungsgründe lagen in Problemen mit der Servicequalität. 45 Prozent der Wechsel fanden statt, weil der Service unhöflich und nicht hilfsbereit war. 20 Prozent der Wechsel fanden statt, weil zu wenig persönliche Aufmerksamkeit des Unternehmens aufgebracht wurde. Erst danach kommen Gründe, die die Produktqualität betreffen. 15 Prozent wanderten ab, weil sie ein billigeres Produkt fanden, ebenfalls 15 Prozent wechselten, weil sie ein besseres Produkt fanden.

Aus diesen Ergebnissen ziehen wir die Konsequenzen. Unser Programm „*Customer Service Excellence*" baut die richtigen Dienstleistungen um ein gutes Produkt. Für uns heißt das, daß man den Kunden wirklich ernst nimmt. Es gilt, nicht nur an den Customer, also den Kunden zu denken, sondern so zu denken, wie der Kunde denkt.

Service heißt für 3M nicht nur, Service zu leisten, sondern auch, dem Kunden Probleme abzunehmen. *Excellence* heißt, die Erwartungen des Kunden nicht nur zu erfüllen, sondern mehr zu tun als das. Alles zusammengezogen heißt das: Sich als Unternehmen total auf die Kundenwünsche einstellen! Hier ist immer wieder neu Arbeit zu erledigen. Wir können vom Kunden nicht erwarten, daß er die Komplexität unserer Firma verstehen will.

Er will gute Produkte und guten Service, an der Schnittstelle eben muß alles stimmen.

Das Unternehmen zeigt sich dem Kunden gegenüber so, wie eine Bühne sich dem Zuschauer zeigt. Der Zuschauer kommt, nimmt Platz und will ein Theaterstück genießen. Ihn interessiert das, was vorne vor den Kulissen von den Schauspielern gespielt wird. Die Elektriker, Scheinwerferleute und Bühnenbauer bekommt der Zuschauer im Theater nie zu sehen. All die schwierigen Aufgaben sind gelaufen, wenn das gezeigt wird, was für den Zuschauer bestimmt ist. Kein Zuschauer käme je auf die Idee, sich den Kopf darüber zu zerbrechen, daß jetzt die Bühne verschoben werden muß, ein Mikrofon neu einzustellen ist oder ein Scheinwerfer justiert werden soll.

Eisberg der Ignoranz

Exzellent gegenüber den Kunden zu sein heißt auch immer wieder, sich Problemen und Fragen zu widmen, die gar nicht bis zum Top-Management vordringen. Bildlich gesprochen sieht das Top-Management gewisse Probleme, aber weil die obersten Chefs an der Spitze stehen, sehen sie auch nur die Spitze des Eisbergs. Daß aber noch einmal das Sechsfache der Eisspitze unter der Oberfläche schwimmt, wird nicht mehr automatisch wahrgenommen. Man sieht diesen Bereich nicht mehr. Das ist für uns so etwas wie der „Eisberg der Ignoranz", und indem wir ihn erkennen, können wir auch jeden Tag dazu beitragen, ihn aufzutauen.

Es darf in einem Unternehmen nicht sein, daß 100 Prozent der Probleme, die mit Kunden existieren, in der Frontlinie bekannt sind, aber nur noch 74 Prozent in der Ebene darüber und nur noch 9 Prozent dieser Probleme im Mittelmanagement, und eben nur noch 4 Prozent an der Spitze im Top-Management. Ein Unternehmen mit exzellenten Kundenbeziehungen darf nie allein das Top-Management darüber entscheiden lassen, wie die Kunden-

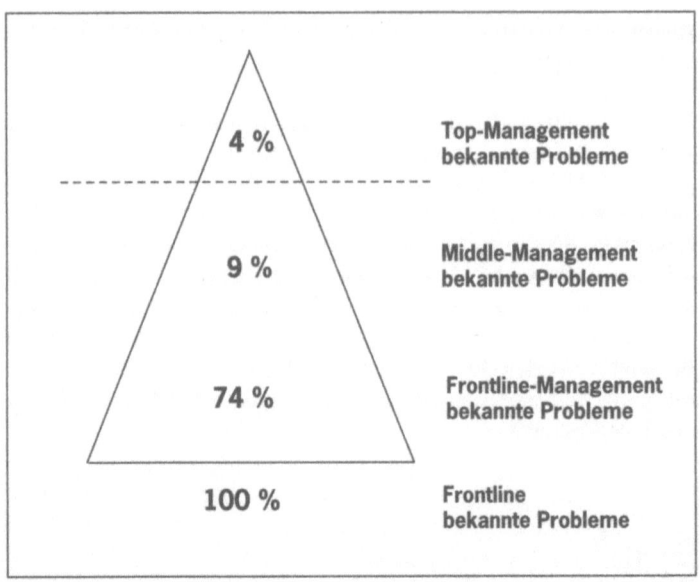

Der Eisberg der Ignoranz

beziehungen zu regeln sind. Hier entstünde eine vollkommen falsche Bezugsbasis: Man kann das Kundenmanagement nicht allein aus Kenntnis von 4 Prozent der Probleme aufbauen. Wenn man eine schlagkräftige Firma sein will, dann muß man sich an den 100 Prozent bekannter Probleme ausrichten.

Service-Erfolgs-Kette

Umsatz und Gewinn schafft ein Unternehmen letztlich nur, wenn es das komplexe Gefüge der Kundenbeziehung beherrscht. Der Service nach außen sichert dem Unternehmen, daß Kunden kommen und bleiben. Die Qualität des Service führt zu Kundenzu-

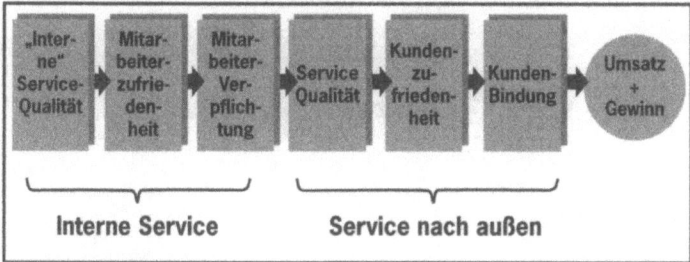

Die Service-Erfolgs-Kette

friedenheit, und erst diese schafft eine dauerhafte Kundenbindung. Um diese Wirkungskette zu nutzen, muß das Unternehmen aber schon von innen heraus Vorleistungen dafür erbracht haben. Nur wer einen guten internen Service macht, kann auch Weltmeister sein im externen Service. Man muß innen, im Kern anfangen. Die Mitarbeiter müssen hervorragend sein, auf eine gute interne Servicequalität verpflichtet werden und in einer Umgebung arbeiten, die Zufriedenheit stiftet. Erst dann schließen sich

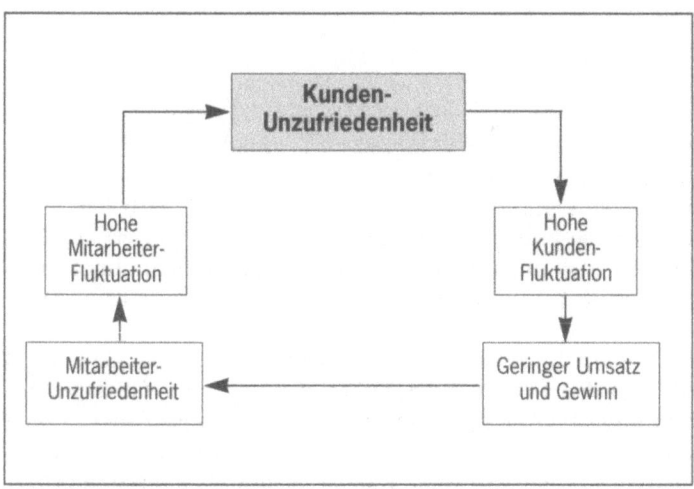

Kreislauf des Mißerfolgs

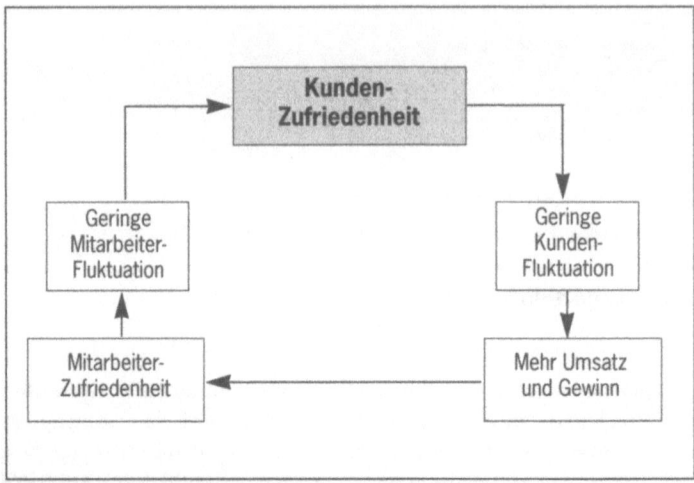

Kreislauf des Erfolgs

die Glieder der Kette des internen Service mit den Gliedern der Kette Service nach außen, erst dann kann die Service-Erfolgs-Kette entstehen und standhalten.

Erfolg und Mißerfolg beim Kunden sind das Ergebnis von entgegengesetzt ablaufenden Kreislaufbewegungen (siehe Abbildung oben und vorherige Seite). Der Kreislauf des Mißerfolgs beginnt mit unzufriedenen Kunden. Diese Unzufriedenheit führt zu einer hohen Kundenfluktuation, das wiederum bewirkt einen geringeren Umsatz und Gewinn. Davon werden die Mitarbeiter unzufrieden, die Fluktuation wird höher, und das frustriert die Kunden, die nicht mehr optimal betreut werden können. Kundenunzufriedenheit ist die Folge. Hier beginnt der Kreis wieder von vorn.

Ein Unternehmen, das den Kreis nicht durchbrechen kann, gerät über diesen Kreislauf des Mißerfolgs in eine gefährliche Abwärtsspirale. Wer gegensteuern will, muß an irgendeinem Punkt ansetzen, um die Richtung zu verändern. Der Kreislauf muß umgedreht werden! Nur wenn Kunden nicht weiter verloren gehen, kann wieder ein Fundament für den Erfolg gesetzt werden. Als

Grundsatz gilt: Es ist siebenmal teurer, einen neuen Kunden zu gewinnen, als einen alten zu halten. Kümmern wir uns also um die schon bestehenden Kundenbindungen. Wenn man hier Zufriedenheit erreicht, folgt daraus eine geringe Kundenfluktuation, die ein Mehr an Umsatz und Gewinn bewirkt. Dieses positive Umfeld begünstigt die Zufriedenheit der Mitarbeiter, das Unternehmen ist erfolgreich, hat Wachstum, und alle Gespräche sind ja so viel angenehmer. Die Fluktuation ist niedrig, die Kunden können ordentlich betreut werden und sind zufrieden. Auf diese Weise funktioniert der Kreislauf des Erfolges – genau die entgegengesetzte Richtung zum Kreislauf des Mißerfolges.

Kommunikation nach innen

Ein Glied in der Kette, welchem eine besonders hohe Beachtung zukommen muß, ist die Kommunikation nach innen. Informierte Mitarbeiter sind motivierte Mitarbeiter, die sich mit ihrer Arbeit identifizieren. Dafür brauchen wir ein Management, das die Mitarbeiter coacht und immer wieder zu neuen Zielen führt.

Wir brauchen auch ein Management, das Demotivation unterläßt. Denn die meisten Mitarbeiter sind per se motiviert. Es liegt am Management, ob sie ihre Motivation im Unternehmen auch ausleben können – oder ob sie es außerhalb ihres Unternehmens tun. Die Grundmotivation eines jeden Mitarbeiters will ins Unternehmen geholt werden, will so verstärkt werden, daß es möglichst viele hochmotivierte Mitarbeiter gibt.

Motivation läßt sich verstärken, indem man die Mitarbeiter nicht nur stark informiert, sondern auch viel mehr Verantwortung „an die Front" delegiert. Empowerment nennen wir das. Damit wird erreicht, daß die interne Servicekette in ihrer Qualität verbessert wird. Information und Empowerment erhöhen die Identifikation, und Identifikation ist wieder ein absoluter Verstärker der Motivation.

Wenn Mitarbeiter nach einem Acht-Stunden-Tag abends nach Hause gehen und anschließend alle ihre Motivation beim Hausbau oder auf dem Tennisplatz ausleben, dann ist das ein Zeichen einer schwachen Führung, dann ist das auch ein Zeichen dafür, daß das Unternehmen die Mitarbeiter nicht stark genug begeistert hat. Dann suchen diese sich das, was sie für ihr Leben brauchen, außerhalb des Unternehmens.

Das Unternehmen hat einen Fehler gemacht, wenn es keine Bestätigung gibt, wenn man guten Mitarbeitern nicht sagt, daß sie gut sind, wenn sie nie erfahren, daß sie gebraucht werden, daß sie toll sind, daß sie auch Außergewöhnliches zu leisten imstande sind. Nur wer Information fließen läßt, kann sich sicher sein, daß die Kraft der Motivation guter Mitarbeiter auch entfesselt wird.

Interne und externe Qualität

Was innen im Unternehmen nicht richtig angepackt ist, kann außen auch nicht mehr gut werden. Die Leistung intern kommt immer vor dem Erfolg extern. Man kann nicht außen gut sein, wenn man innen nicht gut ist.

Wir stellen uns vor, wir stehen an einem Waldsee, der absolut still ist. Wir gehen auf einen Steg und werfen einen Stein in das spiegelglatte Wasser. Was passiert zuerst? Es bildet sich ein kleiner Ring. Der entsteht durch das Hineinwerfen des Steinchens. Der kleine Ring wird größer, innen entsteht ein neuer kleiner Ring, der wird abermals größer, und innendrin entsteht wieder ein Ring. Die Ringe außen werden von den kleinen innen immer weiter herausgeschoben. Ringe außen gibt es nur, weil andere von innen nachwachsen. Genauso funktioniert die Wirkung der internen Kommunikation, der Identifikation, des Service und der Begeisterung. Wenn man nicht innen anfängt, kann der äußere Ring nicht entstehen.

Dies bedeutet für das Unternehmen: Man muß erst die Hausarbeit machen, innen anfangen, innen ehrlich und gut sein und das kommunizieren. Ein Beispiel der 3M in Deutschland: Wir versuchen seit anderthalb Jahren, unsere Firma zu verändern, sie heller zu machen, sie leichter zu machen, ihr eine neue Identifikation zu geben. Wir wollen unsere Kompetenz in einer neuen Form darstellen, dazu gehören unter anderem neue PR-Strategien und neue Kommunikationsstrategien. Eine neue integrierte Kommunikation. Wir beginnen logischerweise innen, und es ist interessant, wie sich diese Ringe nach außen bewegen. Wir werden jetzt in einer ganz anderen Art und Weise aufgefordert, über das zu sprechen, was wir ändern. Die Außenwelt nimmt das wahr und reagiert zum Teil sogar schneller als die Innenwelt, und all das funktioniert, weil wir innen begonnen haben.

Strategische Kommunikation

Wir begreifen Unternehmenskommunikation inzwischen als strategischen Faktor. Das ist eine wichtige Ressource, die Auswirkungen hat, die sehr umfassend sind. Wir wirken auf die Mitar-

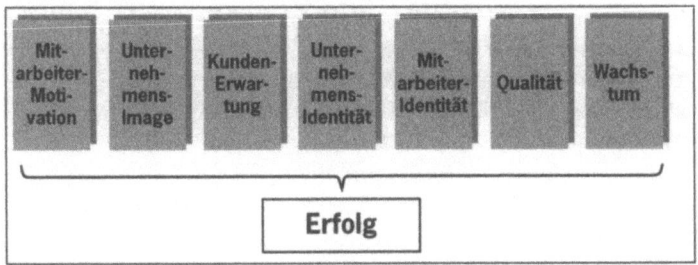

Strategischer Faktor

beitermotivation, auf das Unternehmensimage, auf die Erwartungen unserer Kunden. Wir wirken auch auf die Identität, also auch darauf, wie uns andere sehen. Ebenso auf die Mitarbeiteridentität, die Qualität und das Wachstum. Darauf haben wir praktisch unsere ganze Kommunikationsstrategie ein- und umgestellt. Hier wurde in den letzten anderthalb Jahren viel Neues entwickelt. Wir haben das gesamte Unternehmen einbezogen und uns dadurch mit den Mitarbeitern unterhalten. Darüber ist ein neues Kommunikationsverhalten entstanden. Die neue Kommunikationskultur ist zu einem festen Element der Unternehmensführung geworden. Wir praktizieren Management by walking around. Es ist beispielsweise üblich, jeder geht irgendwohin, sich an den Arbeitsplatz des anderen zu setzen, ihm zuzuhören und zu sehen, was er macht. Das ist auch die Kultur der offenen Tür – wir zeigen damit, daß wir immer ein Ohr für den anderen haben und ihn als Mensch ernst nehmen.

Wir haben eine Präsentationskultur, weil wir sehr viel von dem, was wir machen wollen, in Bildern zeigen und anschaulich machen. Wir vermitteln uns gegenseitig Eindrücke, die in Cross-functional-Teams verarbeitet werden, die über Abteilungsgrenzen hinweg arbeiten. Zu einem gut geführten amerikanischen Unternehmen gehört diese Art ausgeprägter Meeting-Kultur.

In unseren internen Medien, die wir sehr stark verändert haben, zeigen wir immer wieder, daß 3M das Multi-Produkt-Unternehmen ist, das in allen Lebensbereichen irgendwo zu finden ist. 3M Produkte begleiten einen Menschen von der Geburt bis in die Jahre hohen Alters. Wir sind tätig im Bereich Gesundheit, Freizeit, Umwelt, Urlaub, Arbeitsplatz, Verkehr und Verwaltung. Da gibt es tausend und abertausend Beispiele, wo man uns begegnet. Die große Herausforderung ist, daß wir das herüberbringen, den Menschen unsere Geschichte erzählen müssen und ihnen unseren Beitrag und unseren Nutzen erklären.

3M Kultur

Neuerungen wie die strategische Betonung der Kommunikation bringen kulturellen Wandel für das Unternehmen mit sich. An einigen Punkten herausgegriffen, heißt das für uns:

- aus lebenslanger Anstellung wird mittlere bis hohe Arbeitsplatzsicherheit,

- aus Anspruchsdenken wird Selbstverpflichtung,

- nicht die Arbeit und die Erfolge von einzelnen werden betont, sondern das Team als Ressource und Quelle der Innovationen,

- aus Überwachen und Managen wird Coachen und Entwickeln,

- der Manager wird zur Führungsfigur,

- wo früher gleichbleibende Leistung erwartet wurde, wird heute die Meßlatte jedes Jahr erhöht,

- es kommt nicht allein auf harte Arbeit an, sondern auf gute Resultate.

Die Bewegung, die hinter solchem Wandel liegt, ist diese: 3M bewegt sich vom Technikunternehmen zum Marktunternehmen.

Anforderungen und Leistungen

Basis von solchen Überlegungen ist ein Leistungsmodell, das einen einfach nachvollziehbaren Zusammenhang zwischen Anforderung und Leistung herstellt (siehe Abbildung nächste Seite). Ausgangspunkt der Überlegung ist, daß zu jedem Grad von Anforderung auch ein bestimmter Grad von Leistung gehört. Wenn nichts gefordert wird, kommt auch keine Leistung. Je mehr aber von den Mitarbeitern gefordert wird, desto höher steigt zunächst die Leistung. Die Leistung steigt genau bis zu dem Moment, wo die Leistungsgrenze erreicht ist. Wachsen die Anforderungen dann weiter, wird die Leistungsgrenze überschritten und die Ergebnisse fallen extrem schnell ab, weil der Mensch überfordert ist. Bei geringen Anforderungen tritt Unterforderung ein, ein soge-

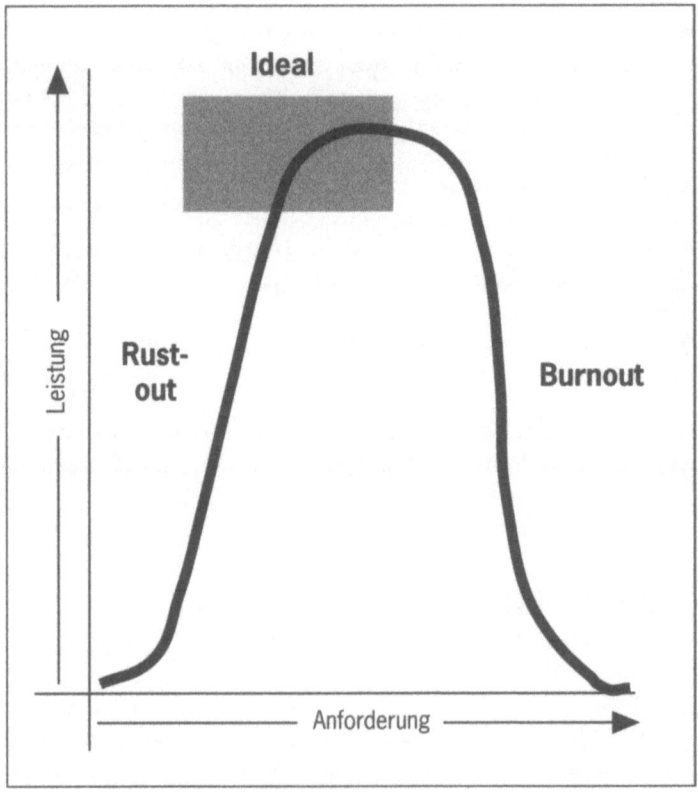

Leistungsmodell

nannter Rust-out-Effekt. Die Mitarbeiter verrosten, weil sie nicht so richtig gebraucht werden. Wie ein Sportler, der seine Kraft gar nicht benutzt, sie daraufhin verkümmert, und er dann aber einen Hundert-Meter-Lauf machen soll. Bis der Sportler wieder die richtige Konstitution erreicht hat, das dauert seine Zeit. Im Falle von Überforderung sprechen wir vom Burn-out-Effekt, dem Ausgebranntsein. Hier wird von jemanden ständig verlangt, er müsse zehn Sekunden auf hundert Meter laufen, obwohl er zwei Zentner mit sich herumschleppt. Das ist einfach nicht zu schaffen, und daran kann jemand auch zugrunde gehen. Im Vorstadium zum Burn-out stehen oft auch Depressionen und andere negative Einflüsse.

Am wohlsten fühlen sich die Menschen, wenn sie richtig gefordert sind. Deswegen gibt es immer ein Idealfeld. Das Idealfeld ist dort, wo die Steigerung der Anforderungen gerade noch Leistungszuwächse erzeugt, sich ein Mitarbeiter also in einer Gegend bewegt, wo er um seine Leistungsgrenze herum arbeitet. Er darf diese durchaus spüren, darf aber nicht dauerhaft in die Verschleißzone kommen. Für 3M ist das der grüne Bereich, in dem alles günstig läuft. Niemand darf dauerhaft in den roten Bereich geraten, und im gelben, kalten Bereich vollziehen sich ebenfalls ungünstige Leistungsprozesse, weil dort der Motor noch nicht warm geworden ist.

Die Mitarbeiter sollen wissen, warum sie heute eigentlich ins Büro kommen, und was ihre tägliche Mission ist. Es soll auch allgemein bekannt sein, was als Erfolg gemessen wird, was dem Unternehmen gut tut und was nicht. Nur dann kann ein Mitarbeiter sich entfalten und auch schöpferisch tätig sein. Zu jedem Segeltörn gehört auch ein Ziel! Am Ziel muß klar sein, welcher Beitrag geleistet wurde, und dieser Beitrag muß auch Resonanz bekommen: Lob zu geben ist die ehrenvolle Pflicht jedes Führenden; ein selbstverständliches kulturelles Element für ein Unternehmen, das dauerhaft erfolgreich sein will. Jeder Mitarbeiter freut sich, wenn er stolz auf sein Unternehmen sein kann, wenn er im Freundeskreis erzählen kann, daß es tolle Ergebnisse gibt, zu denen er wichtige Beiträge geleistet hat. Wer aber schon morgens mit hängendem Kopf hereinkommt, bei dem und besonders bei dessen Vor-

Product-Sales concept versus Marketing concept

gesetzten stimmt etwas nicht. 3M pflegt das Bild vom Mitarbeiter, der morgens fröhlich ins Unternehmen kommt und sich freut, daß es eine interessante Aufgabe gibt.

Mit Marketing-Effizienz zum Erfolg

Wir müssen von der heutigen Verkaufsbesessenheit, die in uns steckt, zu einer Marketing-Effizienz kommen, die Erfolge erzeugt, weil wir dauerhafte Kundenbindung schaffen. Das alte Produktverkaufskonzept ist der Weg, der abgelöst wird (siehe Abbildung). Hier steht noch die Produktion im Vordergrund, der Verkauf von Produkten und die Erzielung von Gewinnen allein durch hohe Verkaufsvolumina. Der neue Weg ist ein vom Marketing getriebenes Konzept. Wir müssen uns viel mehr als bisher auf den Markt fokussieren:

- Was sind die Bedürfnisse des Marktes?
- Wer sind diejenigen, die uns, unsere Produkte und unsere Technologien benötigen?
- Was sind deren Bedürfnisse, was ist deren Orientierung?

Wir legen Akzente auf die Koordinierung der Marketing-Aktivitäten; das gilt für das ganze Unternehmen. Die Erfolgskriterien sind nicht mehr Gewinn durch Verkauf, sondern Gewinn durch zufriedene Kunden. Nur dann sehen wir die Kunden von heute auch morgen wieder. Das ist die wichtigste Schnittstelle, der Customer Service Excellence-Initiative für zufriedene Kunden. Die dauerhaften Erfolge eines Unternehmens leiten sich aus der Marketing-Effektivität ab. Der Absatzerfolg wird nicht mehr allein aus einer angestrengten Verkaufsaktivität erzeugt, sondern aus der richtigen Strategie, die um den Markt und die Bedürfnisse der Kunden herumgebaut ist.

3M und Umwelt

Innerhalb der Marketing-Strategien nimmt die Umwelteinstellung eines Unternehmens eine immer wichtigere Rolle ein. Bei 3M gibt es das 3P-Programm, das heißt in unserem Fachjargon: Pollution Prevention Pays, oder übersetzt: Umweltschutz zahlt sich aus. Dies ist ein Programm, das seit 1975 läuft. Wir haben damit als eines der Pionierunternehmen der Branche schon sehr lange unter anderem ein System von Umweltrichtlinien. Das ist ein strategischer Punkt, der nicht nur in die Werke geht, sondern auch in das Umweltverhalten, in die Produktphilosophie und in die Verpackung. Ansätze für das 3P-Programm gibt es unternehmensweit.

Vom Hamburger Umweltinstitut wurden die 50 größten Chemie- und Pharma-Konzerne der Welt untersucht. Sie wurden auf ihre

Umwelteinstellung und Leistung in bezug auf Umweltschutz untersucht. Die Studie mit einer Rangliste ist im Manager-Magazin Januar 1994 veröffentlicht worden. 3M ist stolz darauf, dort zu den Unternehmen zu zählen, die ganz weit vorne sind, nämlich auf Rang drei. Das ist eine Bestätigung der Strategie, daß die Investition in umweltrelevanten Bereichen lohnt.

Quellen der Innovation

Natürlich hat 3M sein Schleppnetz breit ausgelegt: Quellen für Innovationen gibt es an ganz verschiedenen Orten. Ein wichtiger Ort, Ideen für Innovationen zu gewinnen, sind Wünsche und Forderungen der Kunden. Gleich danach kommen Ideen der Mitarbeiter, die ganz wesentlich zum Innovationspotential beitragen. Wir unterstützen das durch das Klima der schöpferischen Unruhe, das immer wieder angeregt wird. Außerdem gibt es etwas, was bei 3M die 15/85-Regel genannt wird. Sie wird vorwiegend in der Laborwelt angewendet: Jeder Mitarbeiter dort hat das Recht, 15 Prozent seiner Arbeitszeit für eigene Projekte einzusetzen. Das sind nicht die offiziellen Projekte, an denen alle arbeiten, sondern solche, von denen der Mitarbeiter aus eigener Überzeugung glaubt, sie haben Erfolg.

Jeder Ingenieur kann sich diese Zeit nehmen und abzweigen und an selbsterfundenen Projekten forschen. Das dient der Weiterentwicklung unserer Produkte, dem Entdecken neuer Anwendungsfelder und dem Erfinden ganz neuer Produkte. Dafür können 15 Prozent der Zeit aufgewendet werden, und wenn etwas erfolgsverdächtig wird, dann wird diese Idee zum offiziellen Projekt. Das wird jeweils von dem Coach unterstützt, der den Mitarbeiter betreut. Auf diese Weise ist auch die Post-it Haft-Notiz entstanden.

Die Mitarbeiter brauchen also Denkfreiräume, von denen das Unternehmen profitiert. Darauf muß die Kultur eingestellt sein, in der unternehmerische Meinungsfreiheit, eine Offenheit gegenüber Fehlern und die Tugend des Zuhörens gepflegt wird. Wichtig ist dann nur, daß die Fehler nicht hingenommen werden, sondern daß darüber gesprochen wird. Nicht der Fehler ist schlimm, sondern die Wiederholung ein und desselben Fehlers! Wenn wir nichts falsch machen, dann lernen wir auch nichts. Wir brauchen Mitarbeiter, die bereit und in der Lage sind, aus Fehlern zu lernen. Jedes Kind, was sich nicht einmal an den Brennesseln gebrannt hat, wird nie lernen, daß eine Brennessel brennt. Aber wenn es das einmal gespürt hat, kann das Kind selber nach Wegen suchen, die Brennesseln zu meiden.

Um solche Lerneffekte zu mobilisieren, werden die Menschen in ihrer Größe, Vernunft und Selbständigkeit ernst genommen. Solange das getan wird, entfalten sich die innovativen Kräfte. Erst ein Übermaß an Regeln und Vorschriften macht Menschen klein. Das haben leider erst wenige Unternehmen erkannt. Gerade hier in Deutschland. Gute Organisationen machen Menschen groß, indem sie sie tun lassen und ihnen die Unterstützung für Erfolge geben.

Es ist eine ständige Management-Aufgabe, diese innere Haltung bei den Führenden herzustellen. Die bereits erwähnte Leitidee des Unternehmens muß überall präsent sein: Man darf die Firma nicht so sehen, wie sie ist, sondern so, wie sie sein soll. Dazu gehört dann auch der materielle Rahmen, die Investition. Man muß viel Geld verdienen, um 7,3 Prozent vom Umsatz investieren zu können. Im vergangenen Jahr hat 3M 1,2 Milliarden US-Dollar netto Gewinn gemacht. Davon sind die Investitionen in Forschung und Entwicklung bereits abgezogen – das ist die Art von Zukunftsvorsorge, die die Innovationskraft auch über die Jahrtausendwende hinaus sichert. 3M sorgt auf seine Weise dafür, daß Mitarbeiter die innovationsfreundliche Umgebung schätzen und aus eigener Kraft einen Beitrag für Innovation leisten können. Innovation und Kundenorientierung bringen das Potential, das 3M auch in Zukunft Wettbewerbsvorteile verschafft.

Herausforderung annehmen – Leben mit unheilbarer Krankheit

Claudio Kürten

Stellen Sie sich einmal vor ...an einem einzigen Tag Ihres Lebens würde durch einen Verkehrsunfall entschieden: Ihre Ehe wird fragwürdig, denn Sie sind nicht mehr partnerschaftsfähig. Am gleichen Tag werden Sie fristlos entlassen, denn Sie sind nicht mehr leistungsfähig. Ihre Wohnung, Ihr Zuhause wird gekündigt, denn Sie schaffen die Treppen nicht mehr. Ihre Zukunftspläne werden annulliert, denn Sie sind dafür untauglich geworden. Sport und Tanz gibt es nicht mehr für Sie, denn Sie sind bewegungsunfähig. Keine Versicherung nimmt Sie mehr an, denn an Ihnen gibt es nichts mehr zu versichern. Und Ihre Umgebung zieht sich zurück, denn Unglück steckt an.

So lassen sich die Folgen meines Verkehrsunfalls vom 20. August 1984 zusammenfassen. Die dazugehörige Diagnose lautete: Fraktur des siebten Brustwirbelkörpers. Ausfall aller Gefühlsqualitäten unterhalb der Arme, keine Hautsensibilität, weder für Berührung, für Schmerz, noch für Wärme oder Kälte, Bewegungsfähigkeit = Querschnittlähmung. Mein Leben verdanke ich dem medizinischen Fortschritt. Noch bis vor ca. 40 Jahren hatten Querschnittgelähmte kaum eine Überlebenschance. Jährlich rund 7 000 Tabletten fünf verschiedener Präparate sind für mich überlebenswichtig. Doch was für ein Leben ist das? Nicht glauben wollte ich es zunächst, als mich meine Freundin kurz vor der Klinikentlassung warnte: „Du wirst Dich dran gewöhnen müssen, daß sie Dich in Deinem Rollstuhl für bescheuert halten!" Als mir dann jedoch in einem Fahrstuhl eine wildfremde Frau tröstend den Kopf streichelte, wußte ich, daß sie recht hatte. Und die Versicherung schrieb nicht mir, sondern meinem Professor: „Teilen Sie uns bitte mit, wie wir Herrn Kürten durch eine leidensgerechte Tätigkeit wieder integrieren können!"

Die Lösungs-Richtungen

Naheliegend wäre es, das anzunehmen, was Fachleute in der Rehabilitation raten: Behinderung als Schicksal. Konsequent wäre es, alle Hilfsangebote von Versorgungs- und Sozialämter, von Wohlfahrtsverbänden und Versicherungen, sowie von Angehörigen und Freunden anzunehmen, und den Rest dieses Lebens hilfsbedürftig zu verbringen. Innovativ hingegen stellt sich diese Situation gänzlich anders dar, denn Kreativität ist doch nichts anderes, als das gleiche zu sehen wie alle anderen, sich dabei aber etwas ganz anderes zu denken: Hindernisse (= Probleme) gibt es doch nur auf dem Weg eines Menschen zu seinen Zielen! Mit anderen Worten: Alle Schwierigkeiten, Hürden, Hindernisse und Widerstände in meinem Leben werden doch einzig und allein verursacht durch all das, was ich anstrebe, wünsche und will – also durch mich! Daraus ergeben sich drei Lösungsmöglichkeiten für jedes „Problem" (= Hindernis):

- Die gründlichste und endgültige Lösung ist die Beseitigung des Problemträgers, der Suicid, denn dann gibt es keinen mehr, der durch Wünsche und Ambitionen Probleme verursachen könnte. Eine mildere Variante dieses Lösungsansatzes wäre die Flucht in Alkohol, Drogen oder aber Krankheit, die „Entlastung" von der Notwendigkeit bietet, unerreichbare Ziele zu verfolgen. Die Wirkung ist jedoch zeitlich begrenzt.

- Naheliegend, allen vertraut, ist der Versuch, auftretende Schwierigkeiten zu beseitigen, zu umgehen oder zu unterlaufen, um „dennoch" angestrebte Ziele zu erreichen.

- Erst, und nur dann, wenn alle Bemühungen der Hindernisbeseitigung fehlschlagen, kommt der dritte Lösungsweg ins Blickfeld: Zielkorrektur, der Abschied von Wünschen, Verzicht. Die Lösungen für alle Konsequenzen, die sich aus meinem Verkehrsunfall ergeben haben, konkret: Hindernis-Beseitigung. Zwei Hilfsmittel sind entscheidend für die weitgehende Wiederherstellung meiner Mobilität: ein geeigneter Rollstuhl und die Umrüstung meines Autos so, daß mit den Händen Gas gegeben und gebremst werden kann. Hinzu kommt eine Rampe, die es ermöglicht, die Schwelle zum Balkon zu überfahren.

Zielkorrektur, Abschied von Wünschen

Natürlich hätte ich meine Mansardenwohnung im dritten Stock einer alten Villa im Stadtwald nur zu gern behalten! Erforderlich gewesen wäre der Austausch der Wendeltreppe gegen einen Fahrstuhl und, damit verbunden, die Investition von gut 30 000 DM. Heute wohne ich im 15. Stock eines guten Hotels, habe den Blick in Bäume vertauscht gegen den über München und verfüge über 11 Aufzüge im Haus, so daß auch dann noch, wenn 10 gleichzeitig repariert werden müßten, selbständiges Verlassen des Hauses möglich ist. Geliebt habe ich früher den wöchentlichen Einkaufsbummel in vielen kleinen Geschäften der Altstadt! Heute für mich nahezu unmöglich, denn die meisten Geschäfte hatten eine Stufe am Eingang, und im Winter wäre das Einkaufen mit dem Rollstuhl bei Eis und Schnee kaum realisierbar. Heute finde ich hinter meinem Hotel einen modernen Marktplatz – alle Geschäfte sind stufenlos zugänglich und die Eingänge sind überdacht, so daß sie im Winter mit dem Rollstuhl erreichbar sind. Geträumt habe ich immer von einem kleinen Haus an einem See in der Nähe einer Großstadt! Ausgeträumt und endgültig verabschiedet, denn wieviel Mühe und Zeit würde ich allein schon dafür benötigen, all die Ärzte regelmäßig aufzusuchen, deren Hilfe ich ständig benötige? (Ganz zu schweigen von der Schwierigkeit, Arztpraxen zu finden, die stufenlos zugänglich sind!).

Die Wahl eines für mich geeigneten Standortes war auch unter diesem Aspekt wichtig: im Hotel befinden sich Arztpraxen aller Fachrichtungen und zwei Privatkliniken, so daß für jeden denkbaren Notfall sofort qualifizierte Hilfe erreichbar ist. Kein „Problem" gab es für mich früher (als Unternehmensberater), meine Kunden aufzusuchen – auch dann nicht, wenn Ihre Büroräume nur über Treppen in alten Industriegebäuden erreichbar waren. Ebenso „problemlos" waren die vielen Reisen, denn jedes Hotelzimmer war für mich mühelos zugänglich. Heute verfüge ich über ein spezielles Verzeichnis rollstuhlgerechter Hotels, bitte meine Kunden dorthin und leite dort Projektgruppen und Seminare.

Bis 1984 gab es für mich keinerlei Kontaktprobleme. Wie groß die Angst vieler Menschen vor der Konfrontation mit Krankheit und Zerbrechlichkeit ist, habe ich nach meinem Unfall erfahren – gut zwei Drittel meiner früheren Kunden vermieden ein Wiedersehen. Deswegen stellte sich die Frage: Wo gibt es noch Menschen, die das benötigen, was ich anzubieten habe, und die der Begegnung mit einem Rollstuhlfahrer standhalten? Die naheliegende Antwort: Die Managementprobleme in den Einrichtungen unseres Gesundheitswesens unterscheiden sich kaum von denen der Industrie ... Heute zählen Kliniken zu meinen Hauptkunden. Ein Blick ins Tagebuch aus dem Jahre 1984 erinnert mich daran, wie viele Worte es für „Laufen" gibt: gehen, schreiten, bummeln, schlendern, spazierengehen, promenieren, wandern, rennen, flanieren, stapfen, trotten, traben, tribbeln, stelzen, tappen, zotteln, staksen, trödeln, trampeln, schlurfen usw. Acht Jahre später, im Gespräch mit Freunden wurde mir bewußt, daß ich vergessen hatte, was es heißt zu laufen, ... so lange hat der Abschied gedauert, von diesem Wunsch.

Innovativ leben

Innovativ leben mit unheilbarer Krankheit bedeutet nicht mehr, als die gleiche Lebensaufgabe zu lösen, wie jeder andere Mensch auch – nämlich: Täglich wieder die Balance zu finden zwischen Wünschen und eigenen Möglichkeiten. Lebenskunst besteht schlicht darin, Ziele so zu setzen, daß sie erreichbar sind. Nur so läßt es sich unbehindert leben.

Leidenschaftlich leben – Leben in Fülle gewinnen

Teresa Zukic

*Ich habe Durst, ich habe noch Träume,
will nicht so schnell zufrieden sein.
Ich habe Durst, wo ist die Quelle,
für echtes Leben gegen den Schein.*
(Neues geistliches Liedgut)

Eines der stärksten Gefühle einer neuen Generation offenbart sich zunehmend in der Suche nach glaubwürdigem, echtem und begeistertem Leben. Allem Schein zum Trotz wollen sich Menschen nicht mehr fadenscheinigem Ersatz von Rezepten und Hilfsmitteln zufriedengeben. Die nach außen postulierte Oberflächlichkeit mündet zutiefst in der Suche nach Sinn und Bedeutung des eigenen Lebens. Ganz und gar nicht möchte man errungene Freiheit und ganzheitlichen Umgang mit der eigenen und anderen Person durch regressive Tendenzen aufgeben, die mancherorts aus Unsicherheit auftauchen. Jesu Wort vom „Leben in Fülle" will nicht spekulatives Bereden bleiben, sondern es will erlebt werden. Ohne eine solche Erfahrung bleibt diese frohe Botschaft Jesu eine gutgemeinte Vertröstung auf das Jenseits.

Leben verlangt nach Leben. Es ist die diesseitige Zusage, daß im Aufbau des Reiches Gottes „Fülle von Leben" spürbar wird. Ein gefülltes Leben meint sicher nicht, in Betriebsamkeit und Überfülle zu leben. Es ist die Art und Weise, wie man lebt. Ein dynamisches, angereichertes und begeistertes Leben ist zutiefst leidenschaftlich. Es lebt aus der gesicherten Haltung, daß es getragen wird. Ein Mensch, der leidenschaftlich lebt, spürt seine Tiefe und durchbricht konventionelle Grenzen. Er lebt aus der ihm innewohnenden Dynamik und läßt sich durch Betroffenheit zu einem engagierten Leben herausfordern.

Das Fundament dieser Leidenschaft ist der Glaube (an Gott); er entspringt dem Herzen und wird sichtbar durch unsere Kreativität. Beeinflußt wird dieser Glaube durch die Vorstellungen, die wir uns von Gott machen. Leider haben viele Menschen das Bild eines Gottes in sich, der verschiedene Bedingungen stellt und diese erfüllt sehen will, um dann die Gehorsamen mit seiner Liebe zu belohnen.

Jesus hat gezeigt, daß wir umgekehrt leben dürfen: Weil wir geliebt sind, sollen wir leben. Er, der uns zuerst geliebt hat, verlangt keine Bedingungen, außer den Glauben und dem Vertrauen dieser Verheißung. Wir müssen nicht länger etwas tun, damit wir Erfolg haben, damit wir anerkannt sind, damit wir geliebt werden. Wir haben die Freiheit des Lebens zu handeln, weil wir bedingungslos angenommen und geliebt sind.

Bedingungslose Liebe ist leidenschaftliche Liebe. Sie stellt keine Forderungen, sie beurteilt nicht und läßt sich nicht der Zusage entrauben, daß Gott uns nahe ist, auf jedem Heilsweg und Unheilsweg unseres Lebens. Ein Mensch, der aus einem solchen Bewußtsein lebt, ist in der Lage, Gott keine Grenzen zu setzen. Er sperrt ihn nicht aus Gewohnheit in bestimmte Räume und Vorstellungen ein. Darf Gott außerhalb der Kirche in gleicher Intensität sein? Ist sein Licht in der Diskothek, den Kneipen, den Imbißständen, im Kino, auf dem WC geringer oder gar überhaupt nicht vorhanden? Schaut er weg beim Fußball, beim Feiern, beim ehelichen und außerehelichen Geschlechtsverkehr? Ist er tatsächlich nur in der frommen Welt zu finden?

Wer Leben in Fülle erfahren will, muß aufhören, religiöses und profanes Leben zu trennen. Er muß die Menschen dieser Zeit mit allen neuen Bedürfnissen verstehen lernen. Er muß sich mit der veränderten Welt, den Medien, der Technik versöhnen, sie niemals verteufeln, sondern zum Positiven verändern. Gott, der „Freund des Lebens" (Weis 11,26), „liebt alles, was ist, und verabscheut nichts von allem, was er geschaffen hat" (Weis 11,24).

Diese von Gott geschaffene Welt ist durch die Gottespassion erlöst worden und es gilt sie, so wie sie ist, anzunehmen. Es ist eine moderne, aufregende und unruhige Welt. Sie braucht die Durchsäuerung von Menschen, die mit Leidenschaft das Leben lieben und den Traum Gottes in sich tragen: einen Traum, der unter denen Wirklichkeit wird, die dem Tanz des Lebens etwas abgewinnen können, trotz vieler Widerstände.

Das leidenschaftliche Leben ist durch und durch kreativ. Es schöpft aus der Quelle, die in uns eingebaut ist und durch die wir angetrieben werden, uns der Menschen und dieser Welt anzunehmen. Leidenschaft hat nichts mit Euphorie oder abgehobener Frömmigkeit zu tun. Zu viele sitzen im „Wolkenkuckucksheim" und grenzen mit ihrer Frömmigkeit Menschen aus. Echte, tiefe Leidenschaft zum Leben drängt „nach unten" – auf den staubigen Boden der Tatsachen. Alltägliches kann zum Auslöser von Leidenschaft werden: eine rotzige Nase eines Kindes, die Begegnung mit einem Obdachlosen, der stumme Schrei einer gelangweilten Hausfrau. Wir brauchen nichts Außergewöhnliches zu suchen, sondern nur den Mut aufzubringen, uns dem Leben bedingungslos zu stellen und darin einzutauchen.

Ein leidenschaftlicher Mensch lebt mehr aus dem Herzen heraus als aus dem wohlüberlegten, alle Seiten betrachtenden, abwägenden Verstand, der immer neue Gründe fürs Zurückbleiben weiß. Das leidenschaftliche Leben kennt die Gefahren, nimmt das spontane Risiko in Kauf, überlegt nicht, was andere darüber denken, sondern öffnet sich dem Anruf, von dem es getroffen wird.

Die Spannung bleibt, sobald man den Anspruch hegt, „mitten in der Welt" zu leben und ein geistliches Leben zu führen. Angst vor Anpassung und Rückzug sind die häufigsten Anzeichen für ein noch nicht bedingungsloses Einlassen auf die Berufung für diese Welt. Wenn wir Angst haben, etwas zu verlieren, und die Auseinandersetzung scheuen, so fehlt uns wahrscheinlich immer noch die Portion Vertrauen zum Leben. Wollen wir glaubwürdig sein, so müssen wir eins werden mit den Menschen außerhalb jeglicher Klausur (Mauer und Herz). Erst wenn es keine Unterschiede gibt, wenn wir uns auf ihre Stufe stellen und nicht mit überheblichem Samaritertum ihnen begegnen, werden sie unser gewahr werden: wir, die ihre einzige Bibel sind, die sie noch lesen... Ein solches Leben schafft Leiden. Wenn wir für eine solche Option eintreten, nicht nur unter den Ärmsten zu sein, sondern überhaupt unter ihnen zu sein und möglicherweise einer von ihnen zu sein, werden wir spüren, daß wir uns von einem gesicherten, „heiligen" Standard trennen müssen. Nicht der Status und nicht der Stoff, den wir tragen, zeichnet uns aus, sondern was unter ihm steckt. Wenn wir Solidarität mit Benachteiligten eingehen, lernen wir vielleicht um so mehr zu jemanden zu stehen, uns hinter jemanden zu stellen, uns leidenschaftlich zu verlieben, in die Menschen, in dieses Leben, in Gott.

Leidenschaft ist eine Kunst des Liebens. Sie ist beständig und zuverlässig, sie kann im Eifer übertreiben und in der Not stärken. Immer jedoch trägt sie das Feuer der Hoffnung in sich, daß unsere Welt nicht schlecht, sondern noch nicht gut ist.

Wer sich anstecken lassen kann von der Liebe zum Leben, wird selber zur „Ansteckungsgefahr". Sie setzt Kräfte frei und ist in der Lage, in allem und durch alles Spuren Gottes zu erkennen. Dann hörten wir vielleicht auf, für Regeln zu leben, da sie für uns da sind, damit wir unser Zusammensein ordnen können. Leidenschaftlich leben heißt zutiefst „ganz bei der Sache sein" (Teresa von Avila): ob beim Basketballspiel oder beim Rosenkranzgebet. Wenn wir aufhörten, Welten zu trennen, würden wir spüren, daß wir eine Brücke zu einem ganzheitlichen Leben finden könnten, das uns befähigt, aus dem Leben zu schöpfen und Verliebte des Lebens zu sein.

Fazit Modul 1:
Lassen Sie sich be-Geist-ern – Erfahrungen außergewöhnlicher Persönlichkeiten

Sicher haben Sie auch eigene Erfahrungen in den bisherigen Schilderungen entdecken können. Aus unserer Diskussion mit den Teilnehmern und Referenten sowie auch aus unserer eigenen Beratungs- bzw. Seminararbeit haben sich immer wieder die gleichen Erfolgsfaktoren herausgestellt. Sie liegen hier auf der individuellen Ebene von Einstellung und Bewußtsein. Erfolgsfaktoren also, die neben der notwendigen Diskussion um Innovationsstrategien und Organisationsfragen häufig zu wenig Aufmerksamkeit finden und doch so wichtig sind. Sie seien deshalb hier nochmals aufgeführt:

Begeisterung ist eine der bestbezahlten Eigenschaften der Welt. Es braucht nicht immer große Etats, um Großes zu bewegen. Hartnäckigkeit, Engagement, Identifikation mit dem eigenen Tun und die Überzeugung, daß der Erfolg doch irgendwann kommen wird, sind häufig viel wichtiger.

Ein Mensch, der „leidenschaftlich" lebt, kann die konventionellen Grenzen durchbrechen. Er handelt aus einer ihm innewohnenden Dynamik und läßt sich aus „Betroffenheit" zu engagiertem Tun herausfordern. Der leidenschaftlich Agierende kennt die Gefahren, nimmt das spontane Risiko in Kauf, überlegt nicht, was andere darüber denken, sondern handelt letztendlich, wie er es für richtig hält.

Vorgelebte Leidenschaft für eine Sache oder eine Idee steckt tatsächlich andere an. Ihr Mitmachen an der Idee ist dann häufig nur eine Frage der Zeit. Voraussetzung für erfolgreiches Handeln ist das

Grundvertrauen in die eigenen Fähigkeiten. Wenn Angst besteht, etwas zu verlieren, oder man die notwendigen Auseinandersetzungen scheut, fehlt die doch erforderliche Portion Vertrauen zu sich oder der eigenen Organisation.

Wichtig ist allerdings auch, täglich die Balance zu finden zwischen den Wünschen und den eigenen Möglichkeiten. Lebenskunst besteht auch darin, Ziele so zu setzen, daß sie erreichbar sind.

Wenn man eine unangenehme Lebenssituation nicht ändern kann oder will (Konsequenzen!), dann ist man am besten so weise, die eigene Einstellung zu ihr zu ändern.

Modul 2

Von Winnern lernen –
Was die Einmaligen
anders machen

Dienstleister sein heißt, Kundenerwartungen zu übertreffen

Jürgen Bohne

Warum ist McCormick erfolgreich geworden? Ist diese Geschichte übertragbar auf heute, auch wenn es nicht um Teilzahlungen geht? Wir denken JA. Willst du erfolgreich sein, mache deinen Kunden erfolgreich. Das ist das ganze Geheimnis. McCormick hat sich mit dem Nutzen seiner Erntemaschinen für den Farmer auseinandergesetzt, indem er ihm gezeigt hat, wie groß die Ernteerträge mit der Maschine im Gegensatz zur manuellen Sichelarbeit sind. Außerdem hat er gezeigt, daß in viel kürzerer Zeit die Ernte eingefahren werden kann. Er wußte obendrein eine Gewinnabschätzung vorzunehmen, die den Mehrerlös greifbar und kalkulierbar machte. Wenn die Schätzung zutraf, konnte McCormick auf Weiterempfehlungen setzen – die beste Werbestrategie der Welt.

Den gleichen Weg geht DIMA Service Plus. Auch wir wollen, daß beim Kunden ein Mehrwert entsteht, der seinen Erfolg vergrößert. Dazu müssen wir seinen Geschäftsablauf soweit kennen, daß wir ihm sinnvolle Dienstleistungen anbieten können. Danach verstärken wir einerseits die erfolgskritischen Faktoren und übernehmen andererseits solche Dienstleistungen, die den Kunden entlasten, damit er sich auf seine Kernkompetenz konzentrieren kann.

Was ist eigentlich eine Dienstleistung?

Für eine Dienstleistung ist der Kunde bereit, Geld auszugeben, wenn er mit dem Ergebnis zufrieden ist. Drei Kriterien bestimmen dieses Ergebnis: Zeitpunkt/Zeitdauer, Erscheinungsform und Leistungsinhalt. Im Einzelfall sind die Kriterien für den Kunden unterschiedlich wichtig. Daher muß der Dienstleister neben den gleichbleibenden Erwartungen auch die situativen Bewertungen erfassen und sich in der Leistung anpassen.

Das Dreieck unten zeigt in der Basis das Tätigkeitsfeld. Hier findet das eigentliche Arbeiten statt; zum Beispiel das Vervielfältigen eines Schriftstückes. Das kann durch Fotokopieren, Scannen oder Abschreiben geschehen (Tätigkeit). Wenn eine lesbare Kopie herauskommt, war das Vervielfältigen erfolgreich (Funktion). Wird diese Kopie z.B. dem Chef rechtzeitig zur Verfügung gestellt, damit er sie für eine Besprechung auswerten kann, ist das im Sin-

Was ist eine Dienstleistung?

ne des Empfängers (Dienstleistung). Wichtig ist hier der Zeitpunkt der Vorlage, nicht so sehr die Druckqualität und Übergabeform. Wäre der Empfänger ein Kunde gewesen, hätte die Erscheinungsform eine größere Rolle gespielt.

Die Dienstleister müssen die Erwartungen des Kunden kennen

Die Automobilfirmen zum Beispiel konzentrieren sich zunehmend auf ein schlankes Management und ihre Kernprozesse. Alle Leistungen, die nicht unmittelbar zum Kernprozeß gehören, können extern vergeben werden. Wir wollen Systempartner für Dienstleistungen sowohl in den Kernprozessen als auch im Umfeld dazu sein. Für die Produktion sind Systempartner bereits erfolgreich. Reifen, Sitze und komplette Armaturentafeln werden bereits von Systempartnern entwickelt und einbaufertig an die Produktion geliefert. DIMA Service Plus entwickelt ebenso kundenspezifische Dienstleistungen, die meßbar, kostengünstig, innovativ und auf die Kundenpartner ausgerichtet sind. Wir unterscheiden Tägliches und Besonderes. Routinemäßige Leistungen geben unseren Kunden Sicherheit im Tagesgeschäft. Das Besondere leisten wir zu geplanten oder unvorgesehenen Ereignissen.

Wir unterscheiden in der Kundenstruktur drei Zielgruppen. Vom Kernprozeß ausgehend, wo Kosten für Dienstleistungen bis zur Produkteinheit übertragen werden können, gehen wir über die internen Dienstleister bis zur Standortleitung.

Mit dem Werkleiter klären wir die Erwartungen zum Beispiel zur Standorterhaltung. Das Tägliche und das Besondere sind zu definieren, abzustimmen und zu vereinbaren. Die spätere Zufriedenheit ergibt sich aus Wahrnehmungen und Erlebnissen des Kunden. Ereignisse müssen erfolgreich gesteuert und eine Erfolgsmessung in Form eines Reportings eingeführt werden.

**Wer sind die Kunden der eigenen Dienste,
was wollen sie erreichen?**

Eigene Dienstleister unterscheiden wir in direkte und indirekte Bereiche. Direkte Dienstleister unterstützen den Produktionsbereich unmittelbar: zum Beispiel die Logistik, der Versand, die Instandhaltung, etc. Indirekte Dienstleister stehen im mittelbaren Zusammenhang mit dem Prozeß: zum Beispiel die Organisation, der Personalbereich oder der Verpflegungsbetrieb.

Mit dem Leiter eines Bereiches sind seine Erwartungen zur Erhaltung und Veränderung der Arbeitsbedingungen zu klären. Ein weiteres Leistungsgebiet für DIMA Service Plus ist die Unterstützung seiner Arbeitsumfänge oder die Ergänzung. Dabei kann es sich um Mengenunterstützung (Spitzen, Urlaub, Krankheit), um Substitution bisheriger eigener Umfänge oder um eine sinnvolle Ausweitung der internen Dienste handeln.

Mit dem Center- oder Produktionsleiter sind seine Erwartungen zur Erhaltung und Veränderung der Arbeitsbedingungen und Arbeitsvoraussetzungen zu klären. Dabei sind die Arbeitszeiten und Veränderungen besonders zu berücksichtigen. Eine weitere Unterstützung geben wir in seinem operativen Geschäft – seinem Kerngeschäft – sowie in der Leistungserweiterung seiner Kern-

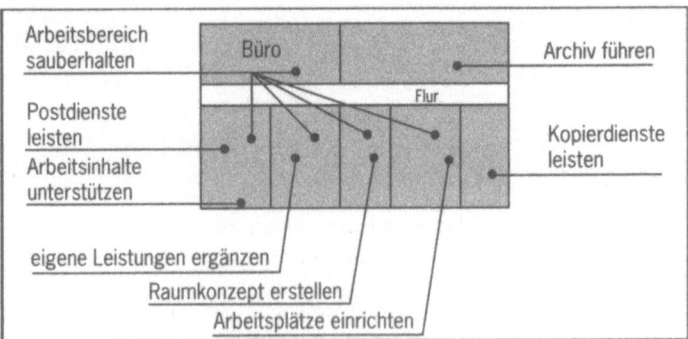

Erwartungen der eigenen Dienste

prozesse. Die Kosten können hier auf den Output bezogen werden und sind damit weitestgehend mengenabhängig.

Die Kosten sind entscheidend

Mit dem Auftraggeber sind die Grundleistungen für ein mengenabhängiges Paket zu budgetieren. Daneben sind kalkulatorisch ca. 10-20 Prozent besondere Leistungen vorzusehen. Der Auftraggeber hält weitere Budgetumfänge bereit, um die unvorhergesehenen und geplanten Zusatzereignisse abzurufen. Die Umfänge und Kosten sind individuell zu klären und zu fixieren.

In der Rückschau der erbrachten Leistungen werten wir die Ergebnisse aus: Leistungsausführung, erfüllte und unerfüllte Erwartungen und meßbare Qualitätsmaßstäbe werden bewertet. Daraus schlagen wir Veränderungen zur Ergebnisverbesserung oder Kostensenkung vor. Um diese Erkenntnisse zu bekommen, führen wir auch Workshops mit Kundenpartnern (Führungskräften und Mitarbeitern) durch. Turnusmäßig erstellen wir dazu einen Report, der die Leistungsergebnisse darstellt und Korrelationen aufzeigt. Mit dem Kunden können danach neue Ziele vereinbart und kostensenkende Maßnahmen ergriffen werden.

Investor und Büronutzer sind Partner

Als Partner für Dienstleistungen betrachten wir das Leistungsangebot für den Gebäudebereich unter drei Aspekten. Zum einen gibt es den Investor, der den Bürobetreibern und Büronutzern das Gebäude, die Infrastruktur sowie das dazugehörige Umfeld zur Verfügung stellt. Es geht hierbei um die Schaffung, Erhaltung und Verbesserung von Arbeitsvoraussetzungen. Hier sind wir für den Investor auf den Gebieten der Wirtschaftlichkeit (Baukosten, Baunutzungskosten und Bewirtschaftungskosten sowie Erlösmöglichkeiten), der Flexibilität (technische und soziale Anpassungen) sowie der Ausstattung ein langfristiger Partner. Zu diesem Tätigkeitsfeld gehört ebenfalls das Arbeitsumfeld der Büronutzer.

Ein zweites Feld bieten die Kernleistungen des Büronutzers, die wir unterstützen und bei Bedarf substituieren.

Als drittes Feld schließt sich die Ergänzung bzw. Erweiterung von Kundenleistungen an. Hierbei ermöglichen wir dem Kunden durch das Angebot von Zusatzleistungen eine Wertsteigerung seiner eigenen Leistungen.

Der Investor bietet die Voraussetzungen erfolgreichen Arbeitens

Der Investor ist Langzeitkunde

Bausubstanzerhalt und Bewirtschaftung stehen im engen Zusammenhang zur Werterhaltung des Objektes und gleichzeitig zur Vermarktungsmöglichkeit, also zu den Umsatz- und Ertragschancen. Beim Substanzerhalt und der Vermarktungsqualität konzentrieren wir uns vorerst auf den Investor. In dieser Spalte sind unten einige Erwartungs- und Wahrnehmungsmöglichkeiten aufgezeigt, die mit dem Investor vereinbart werden können. Wichtig ist die gemeinsame Fixierung der Erfolgsgrößen und ihre Meßbarkeit.

Diese Leistungen können generell von einer kaufmännisch und technischen Verwaltung wahrgenommen werden. Neben der Verwaltung treten nun die eigentlichen Dienstleistungsgruppen auf. Fünf Gruppen sind unter DIMA Service Plus aufgeführt. Sie erbringen den größten Leistungsumfang direkt für den Investor im internen Gebäudebereich.

Dem Nutzer bietet der Investor die Gebäudegrundstruktur, den öffentlichen Bereich und seinen Arbeitsbereich. Dazu stellen der

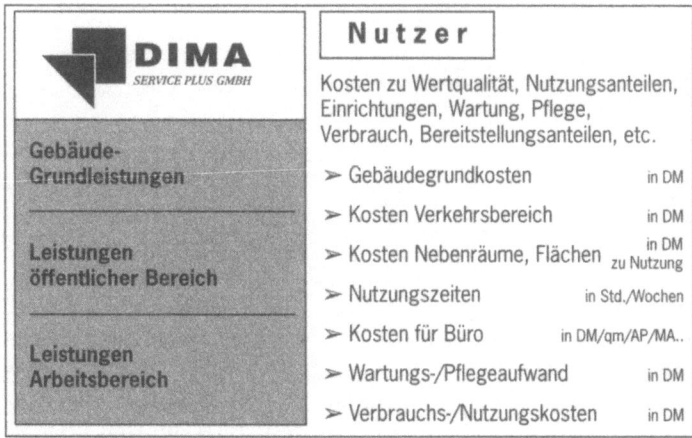

Kosten für den Nutzer

Investor und DIMA Service Plus ihre Leistungen gemeinsam vor. Die Leistungsnutzer des Bürogebäudes haben verschiedene Erwartungen an die drei Gebäudeteile. Vom Erscheinungsbild bis zum konkreten Einrichtungsgebrauch gibt es unterschiedliche Betrachtungen. DIMA Service Plus will die Nutzererwartungen ebenso erfüllen wie die des Investors im Zusammenspiel mit den Vermarktungsmöglichkeiten und den damit zusammenhängenden Erhaltungs- und Anpassungsnotwendigkeiten.

Die Inhalte der drei Leistungspakete sind vom Investor und DIMA Service Plus am konkreten Objekt beschrieben. Dazu erfolgt eine Kostenaufteilung in fixe und zeit- oder mengenabhängige variable Anteile.

Beim Kunden wird das Geld verdient

Wir strukturieren die Unterstützungsdienstleistungen in drei zeitliche Abschnitte: VOR, IN und NACH den Kernleistungen des Kunden. Die grundsätzlichen Kundenerwartungen wurden erarbeitet; an ihnen wollen wir uns orientieren. Dem Investor sollen dabei wenige Zusatzbelastungen entstehen. Vielmehr soll das Objekt eine größere Attraktivität und damit einen höheren Marktwert erreichen.

In Büros werden in der Regel Dienstleistungen erarbeitet, seltener Produkte erzeugt. Für diese Dienstleistungen will der Betreiber seinen Kunden eine Rechnung schreiben, genauso wie es unserem Konzept entspricht. Dienstleistungen werden ja nach Zeitpunkt/Zeitdauer, Inhalt und Erscheinungsbild bemessen. Wenn unser Büronutzer eigene Leistungen durch DIMA Service Plus erbringen lassen will, so spricht er vorerst über Tätigkeiten, die ausgeführt werden sollen. Diese Tätigkeiten sollen bei Arbeitsspitzen, Urlaubs- oder Krankheitsvertretung und später möglicherweise vollständig für ihn erbracht werden. Wenn DIMA Service Plus diese Tätigkeiten übernimmt, ist es wichtig zu erkennen, wel-

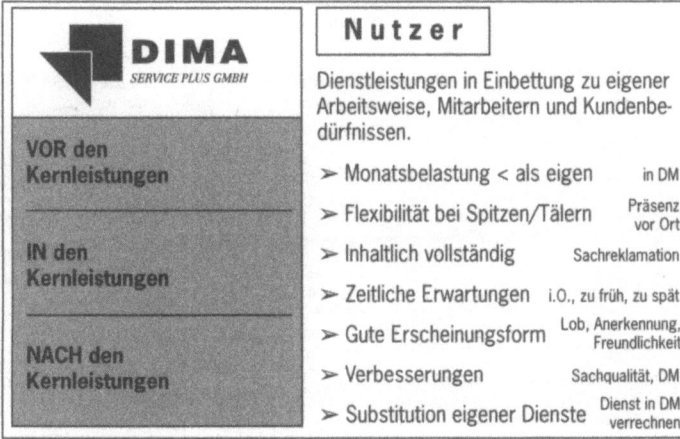

Dienstleistungen

cher Sinn hinter diesen Tätigkeiten steckt, wann die nächst höhere Stufe des Funktionierens erreicht wird. Bürobetreiber oder Büronutzer möchten ein gutes Preis-/Leistungsverhältnis. Dazu präzisieren wir seine Erwartungen, um später ein Reporting auf dieser Basis erstellen zu können.

Zusatzleistungen haben interessanterweise zwei ganz unterschiedliche Bewertungsrichtungen. Wenn der Kunde eine bestimmte Leistung nicht selbst erbringen will, weil er sie als minderwichtig (minderwertig) betrachtet, übernimmt er keine innere Mitverantwortung für die Qualität dieser Leistung. Der Kunde will nicht viel Geld dafür ausgeben, aber auch keine Reklamationen hören.

Auf der anderen Seite gibt es Zusatzleistungen, die z.B. für den Leistungsempfänger (Kunden des Kunden) von großer Bedeutung sind, weil sie ein Produkt oder eine Dienstleistung aufwerten; dies können Freundlichkeit, Interesse, Pünktlichkeit, Nützlichkeit, etc. sein. Für diese Merkmale zahlt zwar kein Kunde ausdrücklich, sie sind aber entscheidend für die langfristige Partnerschaft, Weiterempfehlung und die Offenheit für Veränderungen.

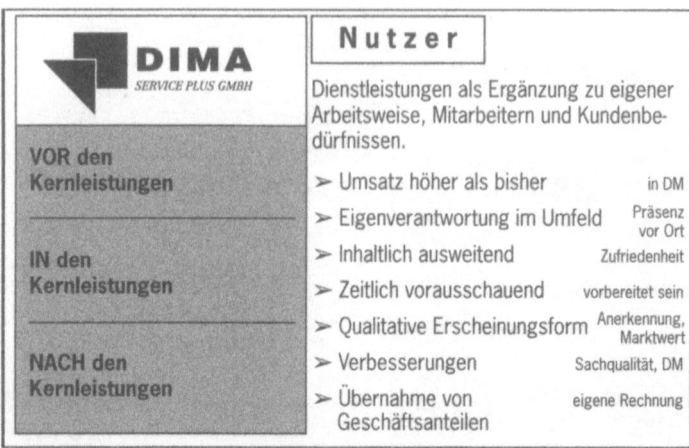

Dienstleistungen als Ergänzung

Im Zusatzleistungsangebot übertreffen wir Kundenerwartungen. Manchmal erscheint sogar zuerst die Wahrnehmung oder das positive Meinungsbild, bevor eine Erwartung entsteht.

Unternehmen erkennen immer mehr, wo ihre Kernkompetenzen liegen, womit sie Wertumsätze und Gewinne machen können. Deshalb geben sie Leistungsumfänge an Partner ab, die ihr Geschäft unterstützen oder abrunden und ergänzen.

Den Zufall provozieren – Beispiel eines neuen ökologischen Werkstoffs

Klaus Meinert

Windi Winderlich Design ist eine der größten deutschen Design-Agenturen und – international gesehen – Partner eines der weltgrößten Design-Networks. Wir beschäftigen uns mit der strategischen und gestalterischen Entwicklung von Unternehmens- und Produktmarken. Dazu gehören die Kernbereiche Corporate Identity, Packungsdesign, Produktdesign, Ausstellungsdesign, Markenberatung und nun auch die technische Entwicklung innovativer Produkte.

Die Idee

Kunststoff wird für Verpackungen nach wie vor stark eingesetzt. Zwar wollen uns differenziert betrachtende Gutachten klarmachen, daß auch der Werkstoff Kunststoff umweltverträglich sein kann, jedoch ist der Verbraucher nicht in der Lage, derart feinabgestufte Aussagen zur Ökologie zu bewerten. Er will nicht mit unterschiedlichen wissenschaftlichen Darstellungen konfrontiert werden, denn widersprechende Werkstoffbewertungen haben den Verbraucher derart verunsichert, daß er sich deshalb verdrossen von diesem Thema abwendet. Zukünftig werden deshalb nur noch ökologisch einwandfreie Werkstoffe bestehen. Nicht ohne Grund haben sich die Kosten „Grüner Punkt" für Kunststoff drastisch erhöht.

Da uns der ökologische Aspekt im Rahmen des Packungsdesigns permanent begleitet, stehen wir jedesmal vor der gleichen Fragestellung: „Wie sollen neuartige, zukunftsorientierte Verpackungsformen mit den Werkstoffen von gestern entstehen?"

Mit Ideenreichtum gelang es uns zwar, weniger Verpackungsvolumen und andere Lösungen – anstelle von Kunststoff-Lösungen – mit Schneiden, Nuten, Falzen zu kreieren, jedoch ist wirklich Neues im Sinne der ökologischen Herausforderung so nicht möglich.

Da wir keinen neuen Werkstoff im Markt entdeckten, stellten wir uns die Aufgabe selbst in dem Sinne: „Wenn die Industrie nichts Neuartiges entwickelt, müssen wir es selbst versuchen." Die Zielsetzung war:

- Ablösung der Kunststoffverpackungen durch einen ökologischen Werkstoff.

- Dieser Werkstoff muß verformbar (tiefziehbar) sein, ähnlich dem Kunststoff.

- Die Herstellungskosten dürfen nicht wesentlich höher als Kunststoff einschließlich der Abgaben „Grüner Punkt" sein.

Viele Experten belegten diese Ziele selbstverständlich mit Bewertungen wie „Sie suchen wohl das Ei des Kolumbus". Da wir damit gerechnet hatten, haben uns derartige Äußerungen kaum berührt.

Die Planung

Zunächst bildeten wir ein kleines Team aus zwei Mitarbeitern. Vorrangig schien uns zunächst zu recherchieren, wer im Markt etwas von ökologischen Werkstoffen versteht. Dabei hatten wir durchaus so etwas wie eine Ahnung, daß substantielle Erkenntnisse bereits in der Vergangenheit vorlagen. Jeder weiß, daß unendlich viele Verfahren entwickelt und Forschungen betrieben wurden, die – aus welchen Gründen auch immer – nicht zum Einsatz kamen. Bei unseren Recherchen stießen wir nach wenigen Wochen auf einen Papier- und Druckfachmann aus früherer Geschäftsbeziehung, der sich zu Hause aus eigenem Interesse mit der Zellstoffherstellung aus der Flachspflanze befaßt hatte, aber keinen weiteren Nutzen darin sah. Als er uns davon erzählte, kam uns sofort der Gedanke, daß hier ein richtiger Ansatz vorliegen könnte. Da der Erfinder sehr gern diese Entwicklung mit uns gemeinsam weiterbetreiben wollte, wurden wir uns schnell einig.

Er übertrug uns die Verwertungsrechte, und wir entwickelten den vorliegenden Werkstoff gemeinsam weiter, wobei wir den Entwickler nach Zeitaufwand bezahlten und mit ihm eine Erfolgsbeteiligung vereinbarten.

Das Team für den kompletten vor uns liegenden Prozeß blieb auf zwei Leute beschränkt: den Entwickler für die technische Entwicklung und Klaus Meinert für die Management- und Marketing-Bereiche. Situativ wurde das Team um Spezialisten erweitert. Da Klaus Meinert geschäftsführender Gesellschafter von Windi Winderlich Design ist, ergab sich keine Abstimmungshierarchie. Entscheidungen konnten sofort getroffen werden, und der Weg zu den Gesellschafts-Partnern von Klaus Meinert war sehr kurz.

Der Flachs-Werkstoff

- Flachs ist ein nachwachsender Rohstoff, der aus dem Rindengewebe der Flachspflanze als Bastfaser gewonnen wird, die die Grundlage der auf technischem Wege hergestellten Elementarfaser bildet, die zu fast hundert Prozent aus Zellulose und Hemizellulose besteht.

- Der Flachs wird als Einjahrespflanze in siebenjähriger Fruchtfolge angebaut, wobei man heute aufgrund der Anbauerfahrungen auf den Einsatz von Pestiziden und Herbiziden verzichten kann. Die Faser stellt somit keine der ökologisch bedenklichen Monokulturen nachwachsender Rohstoffe dar.

- Die Flachspflanze wird traditionell in Europa – auch in Deutschland – angebaut. In Erwartung der umfangreichen Verwertung des Werkstoffes aus Flachs würden weitere große Anbaugebiete in Deutschland benötigt werden, die einen interessanten volkswirtschaftlichen Nutzen bringen. Gegenwärtig bestehen in Europa Anbauflächen von ca. 250 000 ha (Faser- und Öl-Leinen).

- Die Flachspflanzen werden nach der Ernte und Gewinnung der Leinsamen einem neuen mechanischen Trennvorgang zur Gewinnung der Faser unterworfen. Die Reinigung der Fasern (ähnlich den im Haushalt üblichen Waschvorgängen) erfolgt durch Kochung und einem anschließenden Bleichprozeß mittels Peroxyd (H_2O_2), der erwiesenermaßen als umweltverträglich gilt. Entsprechend den gewünschten Produkten werden die Elementarfasern in ihrer ursprünglichen „Länge" belassen oder auf kürzere Längen geschnitten.

- Gegenüber konventionellen Holz-Zellulosen hat die Flachsfaser eine 10- bis 30fache Länge.

- Zwar liefert der Markt bereits einen Flachs-Zellstoff, der jedoch aufgrund papierähnlicher Faserlänge gegenüber unserem Werkstoff sehr eingeschränkte Eigenschaften besitzt.

Eigenschaften des Flachs-Werkstoffes

- Der Zellstoff wird auf Papiermaschinen zu Bogen oder Rollen verarbeitet und sieht aus wie Karton oder Papier.

- Er ist im Tiefziehverfahren verformbar.

- Er ist sowohl halbtransparent als auch opak herstellbar. Dabei ist es möglich, fließende Übergänge von opak bis halbtransparent auf einer Fläche zu produzieren. Neben der designoriginären Oberflächenwirkung lassen die halbtransparenten Partien einen Einblick auf die Waren in den Verpackungen zu.

- Der Werkstoff ist je nach Faserlängen extrem reißfest, dies gilt auch für die halbtransparenten Produkte.

- Die aus dem Werkstoff hergestellten Produkte sind gut nut- und rillfähig und erreichen eine hohe Falzzahl.

- Die Oberfläche kann je nach Anforderung sehr ausdrucksvoll produziert werden und führt zu besonderen Design-Wirkungen.

- Der Werkstoff läßt sich beschichten und ist somit auch als Behältnis für durchfeuchtende und durchfettende Inhalte herstellbar.

- Der Werkstoff läßt sich lebensmittelverträglich färben.

- Der Werkstoff ist in jedem gängigen Verfahren bedruckbar.

- Der Werkstoff ist nicht schwerer als Papier und Karton und läßt sich ebenso gut schneiden.

- Der Werkstoff ist sehr scheuerfest und weist eine gute Wärmeleitfähigkeit auf.

- Der Werkstoff hat ein wesentlich höheres Wasserspeichervermögen als Papier.

- Der Brennpunkt liegt erst bei 300°C.

Ökologische Vorteile des Flachs-Werkstoffes

- Durch seine Verformbarkeit ist der Werkstoff auch zur Herstellung von Verpackungen geeignet, die bisher wegen der Verformbarkeit nur aus Kunststoff hergestellt werden konnten.

- Die Flachsfaser ist verrottbar. Es ist eine Papierblattbildung ohne jegliche Zusatzstoffe möglich.

- Die Recyclingfähigkeit ist in vollem Umfang gewährleistet. Da die Faserlänge des Flachses wesentlich länger als konventionelle Zellstoffe ist, kann der Flachszellstoff durch Kürzungen der Faserlängen mehrere Recyclingvorgänge bei ähnlich hohem Qualitätsniveau durchlaufen, ehe aus den kürzeren Fasern mindere Werkstoffqualitäten entstehen.

- Der Anbau kann ohne den Einsatz von Pestiziden und Herbiziden erfolgen.

- Die Flachspflanze stellt durch den Anbau in siebenjähriger Fruchtfolge keine der ökologisch bedenklichen Monokulturen dar.

- Der Werkstoff erhält den Baumbestand, weil er keinerlei Holz-Zellulose-Zusätze benötigt, und trägt somit dazu bei, daß der CO_2-Haushalt nicht gefährdet wird.

Produkte aus dem Werkstoffbereich Karton/Papiere

- Verformbare Verpackungen,

- Pergamin-Papiere,

- Flachs-Zellulose als Zusatz zu Holz-Zellulose (dadurch höhere Steifigkeit und Reißfestigkeit sowie weniger Material),

- nicht tiefgezogene Kartonagen mit besonderen Oberflächen (halbtransparente Teilbereiche und bewegte Oberflächen),

- Bucheinbände,

- Mehrfach-Kosmetik-Vliese,

- reißfeste Taschen, Säcke, Netze.

Die Planungsschritte

Da wir uns neben der Markengestaltung auch mit der Beratung für Produkt-Marken und Unternehmens-Marken befassen, fiel es uns nicht schwer, eine Vorgehensweise zu entwickeln:

- Klärung der Möglichkeit von technischen Schutzrechten,

- Anbau-Potential,

- Recherche Marktinteresse,

- Bewertung der Konkurrenzprodukte,

- Produktentwicklung,

- ökologische Problembereiche,

- das Entwicklungsbudget,

- die Preisfindung,

- Suche nach geeigneten technischen Partnern zur Entwicklung der Produktnamen,

- das Marketing-Konzept,

- Suche nach Partnern zur Entwicklung und Bereitstellung der neuen Technologien zur Produktion des Werkstoffs,

- das Vermarktungskonzept und der Vertrieb.

Wir wußten, daß die meisten Erfindungen scheitern, weil der Erfinder nur die Idee darstellen konnte. Entweder fand er niemanden, der wußte, was man damit anfangen konnte, oder ihm wurde die Idee zu billig abgenommen, weil das interessierte Unternehmen Entwicklung, Planung, Konzeption und Vermarktung allein bestreiten mußte. So war unsere Zielsetzung, mit unserer Erfindung erst dann an die Öffentlichkeit zu gehen, wenn alle vorgenannten Punkte im wesentlichen geklärt sind, der Erfinder also sagen kann,

- welcher Art die Erfindung ist,

- daß die Produktentwicklung auf Versuchsanlagen erfolgte,

- welche Unternehmen den Werkstoff auch tatsächlich produzieren können und

- wie der Werkstoff vertrieben werden kann.

Durch unsere tägliche Arbeit wußten wir natürlich: Je weitgehender der Erfinder selbst entwickelt, je großräumiger er denkt und je intensiver er im Verpackungsprozeß und der späteren Produktweiterentwicklung bleibt, desto besser wird das Produkt und desto wertvoller wird er für Partner-Unternehmen, die an der technischen Entwicklung und Produktion beteiligt sind. Zusätzlich besannen wir uns auf die alte Regel „Groß schluckt Klein", so daß wir beschlossen, die Entwicklungen nicht mit einem Groß-Konzern zu betreiben, sondern ein Netzwerk mit wendigen mittelständischen Betrieben aufzubauen und selbst federführend zu operieren.

Die Vorbereitungsmaßnahmen

- In Zusammenarbeit mit einem Patentanwalt wurden die schutzfähigen Verfahrenstechniken ermittelt und zur Patentanmeldung gebracht.

- Obwohl die Flachspflanze nur einen begrenzt hohen Verwertungseinsatz hat, werden heute in Europa immerhin rund 250 000 ha angebaut. Genügend weitere Anbauflächen sind jedoch in Europa vorhanden.

- Mit einigen unseren Kunden, für die wir Verpackungsdesign entwickeln, besprachen wir die Möglichkeiten eines Einsatzes von Flachs-Werkstoff, mit dem Ergebnis, daß dort ausnahmslos hohes Interesse vorlag. Wir konnten aus diesen sehr direkten Gesprächen mit unserem Kundenpotential verbindlich ableiten, daß der Markt für einen derartigen Werkstoff aufnahmebereit ist.

- Wir recherchierten, daß das bestehende Verfahren zur Herstellung von Flachs-Zellstoff wesentlich eingeschränktere Möglichkeiten aufweist als unser Verfahren. Auch Zellstoff aus anderen nachwachsenden Rohstoffen war nicht vergleichbar mit unserem Produkt, so daß diese Recherche für unser Produkt sprach.

- Interessant war die Rolle der Gutachter, die wir beauftragten, um uns von dem Neuheitswert zu überzeugen. Da unser technisches Wissen inzwischen in Umfang und Tiefe die Kenntnisse der Gutachter erheblich überstieg, war ein wirklich aussagefähiges Gutachten gar nicht zu erhalten. Bis auf eine Ausnahme vertraten die Gutachter ihr knappes Wissen mit unzulänglichen Ableitungen, um ihre Kompetenz nach außen zu behalten.

Die Produktweiterentwicklung

Nachdem wir die Laborversuche abgeschlossen hatten, war es erforderlich, den Prozeß auf Versuchsanlagen zu wiederholen, weil nur auf diesem Wege wirkliche Erkenntnisse zur Realisierbarkeit zu gewinnen sind. Da es sich um ein neues Produkt mit neuartigem Verfahren handelt, waren bestehende Maschinen zunächst auch nicht geeignet, den Werkstoff herzustellen. Es galt für die Bereiche Anbautechnik, Erntetechnik, Zellstoffherstellung, Papierherstellung, Beschichtung und Tiefziehen Hersteller zu finden, die sich mit diesem Thema bereits einmal befaßt hatten und deren Maschinen unseren Anforderungen möglichst nahekamen.

In der Anbau-Ernte-Technik kamen wir im Dialog mit Stellen des Landwirtschaftsministeriums und zwei Spezialherstellern von Erntemaschinen sehr weit. Es wurde eine Maschinenkonstruktion entwickelt, die unseren Anforderungen entsprach.

Nun hatten wir bereits im Rahmen der Laborversuche entdeckt, daß die Flachsfaser – aus der ja Leinenprodukte erstellt werden – auch eine von uns entwickelte Neuheit in der Verfahrenstechnik zu einer deutlich billigeren Herstellung von Leinentextilien führt als im gegenwärtig praktizierten Verfahren. Darüber hinaus hat unser neuer Spinnfaden als Mischgewebe eine andere, neuartige Haptik. Auch dieses Verfahren meldeten wir zum Patent an. Im Grunde genommen hatten wir jetzt zwei Produktentwicklungen vor uns: Flachs-Werkstoff für Karton, Papier, Verpackungen und für Textilien.

In den neuen Bundesländern fanden wir nach mühsamer Recherche Betriebe, die in der Lage waren, Versuchsreihen für uns anzufertigen, so daß wir beide Produkte im Rahmen dieser Versuche weiterentwickelten. Mit Geheimhaltungsverträgen sicherten wir uns ab, damit unser Know-how geschützt bleibt.

Problematisch war die Entwicklung insofern, als Teilbereiche in der späteren Produktion nur durch veränderte technologische Konstruktionen durchführbar sind.

Für alle Produktions-Segmente fanden wir nach längerer Suche geeignete Partner – vorwiegend in den neuen Bundesländern, die von der Neuheit überzeugt waren und mit uns in die technische Entwicklung einstiegen. Immer wieder stießen wir in Teilbereichen an technische Grenzen, die wiederum durch spezielle Lösungen überwunden werden mußten. Die Gefahr eines Stillstandes der gesamten Projekte war somit ständig gegeben.

Eine weitere Erfindung

Sehr schnell stellten wir fest, daß die Flachs-Karton-Verpackungen und Pergaminpapiere durch eine ökologische Beschichtung wasserdampfdicht und fettdicht sein sollten. Wir entwickelten diese relativ schnell, denn gezieltes Nachlesen in bestimmten Natur-Lektüren führte uns rasch in die richtige Richtung. Dieses Verfahren meldeten wir ebenfalls zum Patent an, wobei diese Beschichtung auch auf Holz-Zellstoff-Kartons und -Papiere auftragbar ist. Es handelt sich also um eine Universalbeschichtung.

Schaffung der Produktionsbedingungen

Für jedes Herstellungs-Segment fanden wir ein interessiertes Unternehmen, das bei entsprechenden technischen Umbauten in der Lage sein wird, die Werkstoffe zu verarbeiten. Jeder Betrieb stellte einen Förderantrag, der sich jeweils in der Genehmigungsphase befindet.

Die Produktkalkulation

Im Bereich der Verpackungen ist unser Werkstoff teurer als Holz-Zellstoff-Kartons und -Papiere, jedoch nicht teurer als Kunststoff inklusive der Abgaben für den Grünen Punkt. Bei entsprechenden Mengen wird aber eine deutliche Kostensenkung möglich sein.

Für den Produktbereich Textilien können wir feststellen, daß wir wesentlich billiger herstellen werden, als traditionelle europäische Leinenproduktionen zur Zeit in der Lage sind. Wir sind nicht teurer als polnische Billiganbieter.

Das Vertriebskonzept

Wir sind dabei, eine Management-Gesellschaft zu gründen, die

- Lizenzen vergibt,

- bei der Installierung des technischen Know-hows in den Betrieben berät,

- die Produktweiterentwicklung betreibt,

- den Markennamen und die Werkstoffe in die Öffentlichkeit trägt,

- übergeordnetes Marketing betreibt und

- Anlaufstelle für Interessenten ist.

Lizenzen vergeben wir zunächst nur an die technischen Partnerbetriebe, die an der Entwicklung beteiligt waren. Erst wenn diese Betriebe der Nachfrage nicht mehr nachkommen können, werden wir Lizenzen an jeweilige Konkurrenz-Betriebe vergeben. Auf diese Weise entsteht zu Beginn eine Art „Hersteller-Verbund", der sich verfahrenstechnisch austauscht und Schnittstellen überwinden kann.

Alle Hersteller-Betriebe werden ihr aktuelles Kundenpotential nutzen, und von der Management-Gesellschaft werden Interessenten diesen Betrieben zugeführt.

Die Finanzierung

Sehr schnell standen wir vor den Kardinalfragen:

- Brauchen wir einen starken Partner, der aus der Branche kommt?

- Brauchen wir einen branchenfremden, aber finanzstarken Partner?

- Sollen wir lieber unabhängig bleiben?

Aus unserer Erfahrung wußten wir, daß große Partner sehr schnell Eigeninteressen entwickeln, die mit den Zielen der Erfinder kontrastieren. „Groß schluckt Klein" war uns also zu gefährlich. Branchenfremde Finanziers wären denkbar gewesen, aber wir fanden sie nicht. Die Gründung eines Investmentfonds war uns zu mühsam. Risiko-Beteiligungs-Banken winkten generell ab, weil sie nur in Projekte investieren, die physisch erlebbar sind, also z.B. die Sanierung mancher Betriebe. In Produktkonzepte (auch Versuchsserien) investieren deutsche Beteiligungs-Banken grundsätzlich nicht.

Da wir es mit Windi Winderlich Design gewohnt sind, völlig unabhängig zu arbeiten, hatten wir diese Strategie dann auch hier zum Ziel erklärt. Daraus ergab sich deshalb das Konzept, Entwicklungen und Investitionen auf die beteiligten Betriebe und uns zu verteilen. Zwangsläufig resultierte daraus, daß die Betriebe Fördermittel für Maschinenerwerb oder -umrüstung anforderten.

Nach unserer Auffassung sind derartige Entwicklungs- und Produktions-Networks sehr leistungsstark und wesentlich beweglicher als Konzerne. Fällt ein Gewerk einmal aus, bricht das Ganze nicht zusammen. Möglicherweise gehört diesen Produktions-Networks mit Management-Gesellschaft – erweitert um Forschungsinstitute – ein Teil der Zukunft.

Unsere eigenen Aufwendungen und die Fremdkosten für die Entwicklung haben wir selbst bezahlt. Hätten wir auf die Genehmigung von Förderungsanträgen gewartet, lägen wir in der Entwicklung viel weiter zurück. Wir haben uns mit den Förderanträgen parallel befaßt und mußten feststellen, daß es auf der Behördenseite Monate dauert, ehe klar war, welche Institution hierfür überhaupt zuständig war. Wir haben gelernt, daß ein derartiges Vorhaben ohne einen stabilen Eigenmitteleinsatz überhaupt nicht durchführbar ist, es sei denn, man verkauft sich mit Haut und Haaren.

Ganzheitliches Leistungsangebot

Windi Winderlich Design ist zusammen mit der Management-Gesellschaft auf mehreren Ebenen tätig, wie

- Erfinder,
- Produktentwickler,
- Lizenzgeber,
- Markenentwickler,
- Marketing-Berater,
- Verpackungsdesign,
- Produktweiterentwickler und
- ganzheitlich arbeitender Begleiter des technischen Networks.

Die Markenentwicklung

Aus unserer Tätigkeit als Markenentwickler und -gestalter wußten wir natürlich, daß ein Produkt – also auch ein Werkstoff – einen Markennamen braucht. Dieser Name muß in der Lage sein, das Produkt in seiner Identität visuell und im Sprachklang zu erfassen, und muß dabei leicht auszusprechen und gut zu merken sein. Wir entschieden uns nach intensiven Recherchen – wir durften ja Rechte Dritter nicht verletzen – für den Markennamen FLASIN als eine Wort-Bild-Marke.

Unsere vielleicht wichtigste Erkenntnis

- Begnügen Sie sich nicht mit einer Idee, die nur theoretisch realisierbar ist. Sie müssen die komplette Produktionskette benennen.

- Bleiben Sie bei derartigen Vorhaben möglichst unabhängig.

- Bilden Sie Entwicklungs-/Produktions-Networks.

- Belassen Sie das Team, das die Entwicklung fachlich und im Management begleitet, so klein wie möglich (wir machen das bis heute mit zwei Leuten). Nur dann kann sachlich fundiert und extrem schnell gehandelt werden.

- Lassen Sie sich nicht beeinflussen von ängstlichen Fachleuten, von Leuten, die sagen: „Die großen Konkurrenten werden euch schon an die Wand drücken."

- Passen Sie gut auf, wem Sie Ihr Know-how mitteilen. Ohne Geheimhaltungsvertrag keine Informationen.

- Auch als kleines Unternehmen/Team sind Sie zu wesentlich mehr in der Lage, als Sie es sich zunächst zutrauen.

Je mehr Sachverhalte Sie verknüpfen und mit je mehr Leuten Sie sprechen, desto größer ist die Chance, daß Sie zu neuen Lösungen kommen, weil man bestimmte Verknüpfungen, die dabei entstehen, überhaupt nicht planen kann. Wir haben dies systematisch betrieben und nennen diese Methode „den Zufall provozieren".

Motivation zur Innovation – Freisetzung von Kreativpotential

Rosemarie Hardt/Werner Schalow

Die Mercedes-Benz AG produziert ihre Erzeugnisse in den Geschäftsbereichen Personenkraftwagen und Nutzfahrzeuge. Die Automobile werden arbeitsteilig durch insgesamt elf inländische Produktionsstätten gefertigt. Durch die Realisation dieses Produktionsverbundes können Produktionen, die eine bestimmte Fertigungstechnik verlangen, weitgehend auf einen Standort konzentriert werden.

Das Werk Hamburg der Mercedes-Benz AG stellt mit seinen ca. 2 300 Mitarbeitern und einem jährlichen Umsatz von mehr als 600 Mio. DM ein vergleichsweise kleines Werk innerhalb des Produktionsverbundes dar. Im Werk Hamburg werden Aggregate, Fahrzeugkomponenten (z.b. Verdecke, Integralsitze), Bedienungselemente, Abgassysteme und Einzelteile gefertigt, die andere Mercedes-Benz-Werke sowie externe Kunden für die Endmontage der PKW und NFZ (Nutzfahrzeuge) benötigen. Insgesamt werden ca. 12 000 verschiedene Teile im Werk Hamburg gefertigt. Um diese Aufgabe zu bewältigen, werden rund 30 000 Fertigungsaufträge erstellt und an die Produktionskostenstellen weitergeleitet. Für die Produktion der Enderzeugnisse werden mehr als 80 000 Tonnen Material verarbeitet, das disponiert, beschafft, eingelagert und letztlich in Form der Endprodukte an die Kunden versandt werden muß.

Das Werk Hamburg nimmt aus der Sicht der übrigen zehn Werke (im folgenden: Kunden) die Stellung eines Zulieferunterneh-

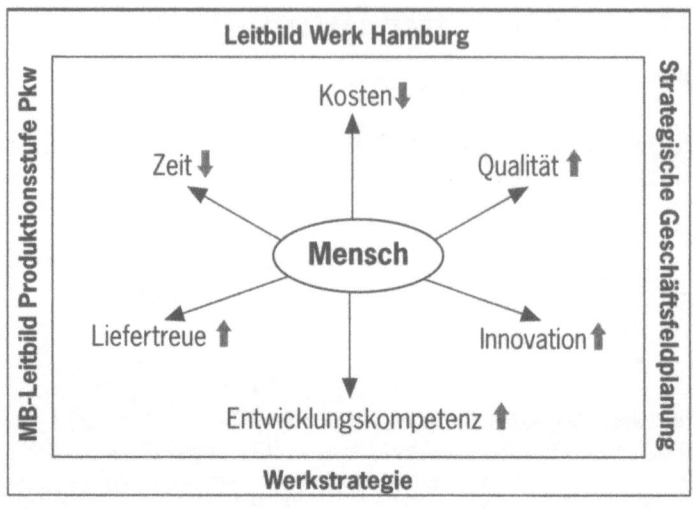

Erfolgsfaktor „Innovation" im Zielsystem des Werkes Hamburg der Mercedes-Benz AG

mens ein und steht somit in Konkurrenz zu den übrigen relevanten in- und ausländischen Zulieferunternehmen. Die Kunden erwarten neben niedrigen Erzeugnispreisen bei anforderungsgerechter Qualität ein hohes Maß an Logistikserviceleistungen, die als Sekundärleistungen angeboten werden. Aufgrund des zunehmenden Kosten- und Preisdrucks auf die Zulieferunternehmen gewinnt die Ausschöpfung sämtlicher Rationalisierungspotentiale in den Fertigungs- und Gemeinkostenbereichen zur Sicherung der Wettbewerbsfähigkeit zunehmend an Bedeutung. In diesem Zusammenhang nimmt die Erschließung innovativer bereichsinterner Ressourcen als Schlüsselfaktor und strategische Zielgröße zur Sicherung des langfristigen Unternehmenserfolges im Zielsystem des Werkes Hamburg eine an Relevanz gewinnende Stellung ein (vgl. obige Abbildung).

Erschließung innovativer bereichsinterner Ressourcen

Vorbereitung der Innovationskampagne

Der Impuls einer bereichsinternen Innovationsförderung im Werk Hamburg geht auf ein im Rahmen der Mercedes-Benz AG im Jahre 1992 durchgeführtes Direktoren-Strategiegespräch zurück, das zunächst zu einer Innovationskampagne in sechs Pilotbereichen innerhalb der Mercedes-Benz AG führte. Als übergeordnete Zielsetzung stand dabei die „Erschließung innovativer bereichsinterner Ressourcen zur Verbesserung der Wettbewerbssituation" im Vordergrund der Aktivitäten.

Einen der sechs Pilotbereiche bildete das Werk Hamburg, innerhalb dessen im ersten Schritt eine Innovationsgruppe gegründet wurde. Als Arbeitsfelder wurden die zwei Innovationskorridore „Motivation zur Innovation" und „Schnelle und sichtbare Umsetzung von Ideen" definiert (vgl. Abbildung auf Seite 92).

Im Anschluß an die oben genannte Projektarbeit begannen die Vorbereitungen zur Basisarbeit „Motivation zur Innovation". Hierbei stand die Überlegung im Vordergrund, daß die Motivation zur Innovation eines jeden Mitarbeiters zum einen dadurch geweckt werden kann, daß jeder Einzelne über die derzeitige und potentielle durch Kosten- und Preisdruck geprägte Wettbewerbssituation der deutschen Automobilindustrie und insbesondere der Mercedes-Benz AG aufgeklärt wird (= Motivation durch Betroffenheit). Zum anderen kann Motivation dadurch entstehen, daß jeder Mitarbeiter die Erfahrung macht, daß Teamarbeit durchaus Freude bereitet, und daß aus Teamarbeit ein hohes Maß an Ideenreichtum und Kreativität erwachsen kann, das zu positiven Lerneffekten eines jeden Teammitglieds führt (= Motivation durch Kreativität).

Um den gewünschten Innovationsprozeß im Werk Hamburg einzuleiten, initiierte das Innovationsteam im ersten Quartal des Jah-

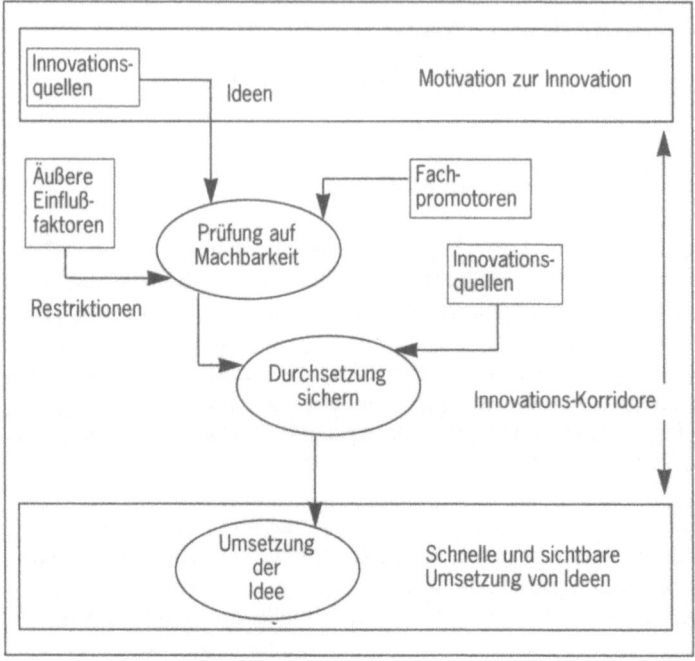

Ablauf und Durchsetzung von Ideen

res 1993 eine Innovationsrallye, die möglichst unkonventionell und spielerisch den ernsten Hintergrund der Veranstaltung vermitteln und den notwendigen zukünftigen Handlungsbedarf aufzeigen sollte.

Innovationsrallye als Auftaktveranstaltung zur Innovationsprozeßförderung

Aufgaben und Spielstationen der Rallye
Unterstützt durch das Institut für angewandte Kreativität (IAK) in Burscheid sowie die (Mercedes-Benz)AG-interne zentrale Unternehmenskommunikation (UEK) wurden Aufgaben erarbeitet, die entsprechend dem Charakter einer Rallye räumlich an unter-

schiedlichen Stationen im Werk Hamburg verteilt wurden. Bei der Auswahl dieser Aufgaben wurde darauf geachtet, daß diese

- zum einen die notwendigen Informationen über die Wettbewerbssituation der europäischen Automobilindustrie, die gestartete Innovationskampagne sowie die Bedeutung von Innovationen vermitteln und

- zum anderen die aus dem enormen Ideen- und Kreativpotential einer Gruppe resultierenden Vorteile aufzeigen, die letztlich für die Lösung von schwierigen Problemstellungen genutzt werden können.

Um einen möglichst großen Mitarbeiterkreis zu erreichen, wurde die geplante Innovationsrallye an zwei Samstagen in Form eines sechsstündigen Freizeitprogramms in der Zeit von jeweils 9.00 bis 15.00 Uhr durchgeführt. Zur Bewältigung der Aufgabenstellungen sind Mitarbeitergruppen mit einer Gruppenstärke von maximal zehn Personen gebildet worden, die im Rahmen der Rallye die nachstehenden Spielstationen durchliefen:

Spielstation 1: Das Nagelspiel
Bei diesem Spiel bestand die Aufgabe darin, innerhalb von 15 Minuten auf dem Kopf eines fest (fixiert) senkrecht stehenden Nagels 16 gleichartige Nägel ohne Hilfsmittel so zu plazieren, daß diese nicht den Boden berühren.

Einzelne Personen benötigen zur Bewältigung dieser Aufgabenstellung im allgemeinen entweder einen sehr hohen Zeitaufwand oder resignieren, da in „Schablonen" gedacht wird. Anregungen aus dem Team sind notwendig, um schließlich aus den eigenen Denkschablonen ausbrechen zu können.

Die Rallye-Gruppenmitglieder machten bei diesem Spiel die persönliche Erfahrung, daß ein mehrköpfiges Team die durch eine einzelne Person scheinbar unlösbare Aufgabe innerhalb kurzer Zeit zu lösen vermag, indem sich ein Kreis unterschiedlicher Personen durch die Einbringung verschiedener Ideen gegenseitig auf andere Denkpfade lenkt.

Spielstation 2: Das LKW-Spiel
Beim LKW-Spiel bestand die Teamaufgabe darin, einen vorbereiteten Fragebogen innerhalb von 15 Minuten möglichst vollständig und richtig zu bearbeiten, in dem Fragen zu den im Werk Hamburg gefertigten Nutzfahrzeugteilen zu beantworten waren. Als Hilfsmittel standen zwei LKW zur Verfügung.

Im Rahmen der vorstehenden Aufgabenstellung stand die Zielsetzung einer besseren Produktidentifikation der Gruppenmitglieder im Vordergrund, da ca. 30 Prozent des Umsatzes des Werkes Hamburg mit Nutzfahrzeugteilen erzielt werden.

Spielstation 3: Das Wort-Spiel
Die Aufgabe bestand darin, aus den in einem vorgegebenen Wort enthaltenen Buchstaben möglichst viele neue Wörter unter der Prämisse zu bilden, daß diese aus dem deutschen Wortschatz entstammen; eingedeutschte Begriffe und Eigennamen waren ebenfalls zulässig.

Am Anfang des Denkprozesses kamen konventionelle bzw. einfache Lösungen zustande; im weiteren Spielverlauf entwickelten sich jedoch unkonventionelle und originelle Ergebnisse.

Die Rallye-Gruppenmitglieder konnten bei diesem Spiel die Erfahrung machen, daß im Vergleich zu den Ergebnissen eines Einzelnen über die verschiedenen Denkanstöße der Teammitglieder eine Vielzahl kreativer Lösungsmöglichkeiten gefunden werden kann.

Spielstation 4: Das PKW-Spiel
Dieses Spiel ist in Form eines Slaloms organisiert worden. Als Fahrzeug wurde für die Rallyeteilnehmer die zum Zeitpunkt der Rallye noch nicht auf dem Markt erhältliche C-Klasse zur Verfügung gestellt. Die Teams hatten die Aufgabe, in einer Zeitspanne von maximal 15 Minuten einen vorgegebenen Parcour mit diversen Schikanen zu durchfahren. Zur Erhöhung des Schwierigkeitsgrades wurde zusätzlich ein randvoll mit Wasser gefüllter Behälter auf der Kühlerhaube plaziert; der Wasserverlust wurde als Maß für die Fahrgeschicklichkeit der Fahrer herangezogen

und ging mit der jeweils benötigten Zeit der Gruppenteilnehmer in die Endbewertung ein. Parallel zu dem PKW-Slalom hatten die Gruppen einen Fragebogen zu den meist technischen Daten des neuen C-Modells zu beantworten.

Bei dem PKW-Spiel stand in erster Linie die Produktidentifikation im Vordergrund.

Spielstation 5: Das Eier-Spiel
Die Aufgabe bestand bei diesem Spiel darin, mit Hilfe vorgegebener Hilfsmittel (ein Bogen Flipchart-Papier, eine Rolle Klebeband, 2 m Päckchenschnur, ein Klebestift) ein Flugobjekt zu basteln, das ein rohes Ei aus 6 Meter Höhe sicher zu Boden bringt. Dem Flugobjekt war ein Name zu geben, dessen Originalität ebenso wie die Funktionalität und das Design in die Bewertung eingingen.

Bei diesem Spiel kam es schwerpunktmäßig auf die Kreativität der Gruppe an, wobei im allgemeinen nur eine kooperative Arbeitsweise zu einer guten Ergebnisbewertung führte.

Die Präsentation der Ergebnisse einschließlich der praktischen Erprobung der Flugobjekte vor allen Teilnehmern der Rallye kann rückblickend als „Gaudi" bezeichnet werden; sie zeigte zudem auf, wieviele sehr unterschiedliche Lösungsmöglichkeiten es gibt. Sämtliche Flugobjekte haben die Funktionsprüfung bestanden und das jeweilige Ei unbeschadet zu Boden gebracht.

Spielstation 6: Das Ausstellungs-Spiel
Zur Information der Teilnehmer wurde eine Ausstellung organisiert, die ebenfalls als Spiel gestaltet wurde. Mit Hilfe von Plakaten, Schautafeln und Exponaten wurden der Ursprung, das Ziel und die Organisation der Innovationskampagne, die Konkurrenzsituation im Bereich der Automobilindustrie (Vergleich: Japan/USA) mit Hilfe von Kennzahlen (z. B. Arbeitsaufwand/PKW, Montagefehler/PKW, Verbesserungsvorschläge/Mitarbeiter) verdeutlicht. Ferner wurde die Entwicklung des Werkes Hamburg in der Zeit von 1972 bis 1992 (z. B. Arbeitsplätze, Sozial- und Fabrikeinrichtungen, Umsatz) dargestellt.

Die Aufgabe der Rallyeteilnehmer bestand darin, nach dem Besuch der Ausstellung einen Fragebogen zu beantworten. Die Bewertung erfolgte letztlich über die Anzahl der richtig beantworteten Fragen.

Mit dem vorstehenden Spiel sollte den Teilnehmern der Rallye durch Zahlen und Fakten die Wettbewerbssituation der Automobilindustrie und insbesondere der Mercedes-Benz AG „unverblümt" deutlich gemacht werden. Hier stand das Ziel im Vordergrund, daß jeder einzelne deutlich spürt, daß zur Entschärfung der Wettbewerbssituation bzw. zum Erhalt des eigenen Arbeitsplatzes dringender Handlungsbedarf geboten ist.

Spielstation 7: Das XY-Spiel
Das XY-Spiel ist ein Mannschaftsspiel, bei dem vier Gruppen zur gleichen Zeit die Aufgabe „Gewinne durch das Setzen der Buchstaben „X" oder „Y" in mehreren Runden möglichst viele Punkte" erhielten. Das Ergebnis wird bei diesem Spiel je Runde stark durch die Entscheidung der anderen Mannschaften beeinflußt:

4 mal „X"; 0 mal „Y": X = Gewinn 10 Pkte.
3 mal „X"; 1 mal „Y": X = Verlust 10 Pkte., Y = Gewinn 30 Pkte.
2 mal „X"; 2 mal „Y": X = Verlust 20 Pkte., Y = Gewinn 20 Pkte.
1 mal „X"; 3 mal „Y": X = Gewinn 10 Pkte., Y = Verlust 30 Pkte.
0 mal „X"; 4 mal „Y": Y   = Verlust 10 Pkte.

Die Spannung wird bei dem XY-Spiel dadurch erhöht, daß in bestimmten Runden Absprachen zwischen den Mannschaften getroffen werden können und sogenannte Bonusrunden die Gewinne bzw. Verluste vervielfachen.

Ein analytischer Blick läßt erkennen, daß dieses Spiel das soziale Verhalten der Gruppen auf den Prüfstand stellt: Führt der Gruppenehrgeiz zum Setzen von „Y" oder wird der für alle bessere Weg durch das Setzen von „X" gewählt???

Dieses Spiel macht sehr eindrucksvoll und spielerisch deutlich, daß durch den Abbau von Bereichsegoismen und der Verinnerlichung eines konsequent bereichsübergreifenden Denkens das

Gesamtergebnis des betrieblichen Handelns verbessert werden kann.

Erfolg der Veranstaltung

Ohne Übertreibung kann von einem überwältigenden Erfolg der Innovationsrallye gesprochen werden. Die Berechtigung zu dieser Aussage kann einerseits aus der enorm guten Stimmung während der Veranstaltung und andererseits aus den in zahlreicher Anzahl ausgefüllten Feedback-Zetteln abgeleitet werden.

Zu jedem der beiden Veranstaltungstage kamen ca. 100 Teilnehmer. Von den insgesamt 200 Teilnehmern gaben 150 über den Feedback-Zettel eine Rückmeldung; mit ca. 72 Prozent dieser Rückmeldungen signalisierten die Mitarbeiter ihr Interesse, auch in Zukunft aktiv an der Innovationskampagne mitarbeiten zu wollen.

Innovationsprojekte und Umsetzung innovativer Maßnahmen

Allen Beteiligten war bewußt, daß die Innovationsrallye lediglich den Charakter einer Informations- und Auftaktveranstaltung haben kann. Um der Belegschaft deutlich zu signalisieren, daß das Unternehmen ein großes Interesse an einer langfristig aktiven Beteiligung der Mitarbeiter an der Innovationskampagne hat, wurde der Belegschaft des Werkes Hamburg die Möglichkeit eingeräumt, in Form von Projektarbeit selbst vorgeschlagene Themengebiete zu bearbeiten. Als Ergebnis dieses Aufrufes gingen zahlreiche innovative Themenvorschläge ein, die letztlich zu der Bildung der nachstehenden 10 Projektteams führte:

- Förderung der Zusammenarbeit und Abbau von Konkurrenzdenken;

- Integration der Frauen/Einrichtung eines Werkkindergartens;
- Umweltschutz;
- Verbesserung des Kostenbewußtseins;
- Verstärkte Einbeziehung der direkten Mitarbeiter;
- Werkzeitung;
- Betriebliches Vorschlagwesen (BVW);

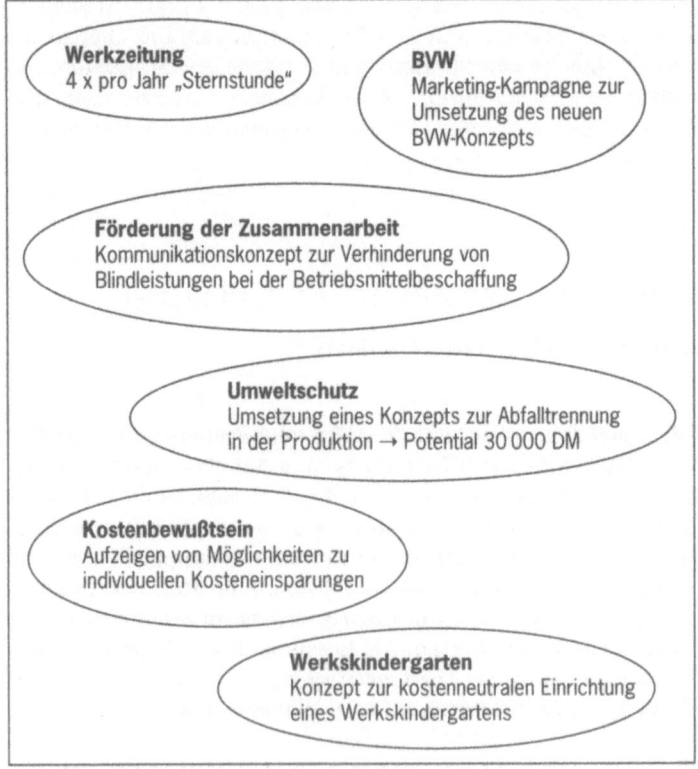

Realisierte Maßnahmen der Innovations-Arbeitsgruppen

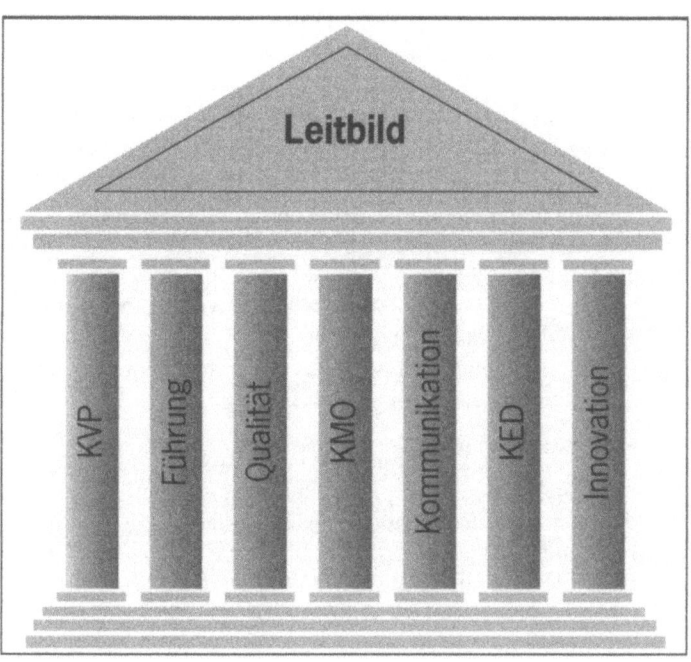

"Innovation" – eine tragende Säule im Leitbild des Werkes Hamburg

- Informationsfluß und Transparenz;
- Motivation zur Innovation;
- Werk Hamburg als Leistungsanbieter am Markt/Suche nach neuen Produkten und Märkten.

Die Projektteams wurden allerdings dazu angehalten, greifbare Ergebnisse in kleinen überschaubaren Zeiträumen zu realisieren. Inzwischen ist durch die Projektgruppen eine Vielzahl innovativer Maßnahmen in die Praxis umgesetzt worden, von denen einige wichtige in der Abbildung oben dargestellt sind. Hervorzuheben ist insbesondere die Innovationskampagne der Projektgruppe „Betriebliches Vorschlagswesen", die in Zusammenarbeit mit den übrigen Fachabteilungen des Werkes zu einer Verdoppelung der Anzahl der eingehenden Verbesserungsvorschläge im Werk Hamburg führte. Des weiteren hat die Projektgruppe „Umweltschutz" ein neues Konzept zur Rohstoffentsorgung entwickelt und umgesetzt, das zu einer erheblichen Abfallvermeidung sowie zu einem beträchtlichen Abbau der laufenden Entsorgungskosten beigetragen hat. An dieser Stelle sei noch auf die Projektarbeit „Verbesserung des Kostenbewußtseins" verwiesen, die über eine gezielte Aufklärungskampagne mit Hilfe von Flugblättern und Lehrveranstaltungen auf sämtlichen Hierarchieebenen zu einem Abbau der laufenden Gemeinkosten beitrug.

Aufgrund der hohen Bedeutung, die innovative Maßnahmen bzw. die Ausschöpfung sämtlicher Rationalisierungspotentiale im Rahmen der Sicherung der Wettbewerbsfähigkeit bzw. Sicherung des Unternehmenserfolges einnehmen, bildet die „Innovation" heute eine tragende Säule im Leitbild des Werkes Hamburg.

Fazit Modul 2:
Von Winnern lernen –
Was machen die Einmaligen anders?

Es ist offensichtlich gar nicht so einfach, den eigenen Weg zur Spitzenleistung zu finden. Die Erfahrungen anderer sind dabei kostbar, die eigenen häufig kostspielig. Wie sich psychologische und organisatorische Schranken auf diesem Weg überwinden lassen, wie man das eigene Innovations- und Kreativitätspotential und das der Mitarbeiter stärker nutzen kann und wie sich kreative Ideen in die Wirklichkeit umsetzen lassen war Gegenstand der Beiträge dieses Kapitels. Die wichtigsten Erkenntnisse seien hier nochmals zusammengefaßt.

Neue, revolutionierende Ideen brauchen starke und risikobereite Promotoren, die bereit sind, sich in- und extern gegen die Anhänger des „Bewährten" durchzusetzen. Die komplette Delegation des Problems „Innovation" an die Mannschaft funktioniert nicht. Middle- und Topmanagement müssen sich persönlich einsetzen. Wirkliche Innovationen lassen sich in der Regel nur gegen erhebliche Widerstände durchsetzen. Ob bei Experten, Kunden oder bei den eigenen Mitarbeitern führt der destruktive Teil der Innovation (bestehende Denk- und Verhaltensweisen werden infragegestellt) häufig zu bemerkenswerten Widerständen. Gerade in dieser Situation brauchen die Initiatoren die Unterstützung des Managements. Nur wenn auch in dieser Situation der noch bestehenden Unsicherheit der notwendige Freiraum bereitgestellt und Unterstützung gewährt wird, kann sich die neue Idee beweisen. Wird das nicht getan, bekommt ein Unternehmen immer mehr des „Bewährten", bestenfalls perfektioniert.

„Stretching goals", also herausfordernde Zielsetzungen, sind Startpunkte für die notwendigen gemeinsamen Aktivitäten. Aus einer glaubhaften und von der Organisation getragenen Vision abgeleitet, fokussieren sie die Energien der Mannschaft. (Siehe 3M: 30 Prozent des Umsatzes sollen mit Produkten gemacht werden, die es vor vier Jahren noch nicht gab).

Innovatives Verhalten der Mitarbeiter lebt von der Fähigkeit der Führungskräfte, den eigenen Anspruch glaubhaft, d. h. kontinuierlich und authentisch vorzuleben.

Jeder Beitrag zu den Innovationszielen braucht ehrliche und kurzfristige Resonanz. Dabei ist Lob die „ehrenvolle Pflicht" jedes Führenden.

Es gilt die eigenen etablierten organisatorischen Barrieren für Innovation zu identifizieren und zu überwinden. Ansatzpunkte finden sich dafür in folgenden Bereichen:

- Förderung des vertikalen Informationsflusses durch Aufweichen hierarchischer Barrieren der Kommunikation. Es muß ein breiter Zugang zu den relevanten Informationen für möglichst viele Mitarbeiter hergestellt werden. Erst dann ist Mit- und Querdenken möglich. (Hilfreich: „Politik der offenen Tür", „Management by walking around")

- Überwinden des Bereichsdenkens durch interdisziplinäre Arbeitsteams, Personalrotation über die Funktionen und Belohnung des Team- oder Gesamterfolges. Das Gesamtteam ist die Ressource und Quelle der Innovation.

- Wenn wirklich in und mit der Organisation etwas bewegt werden soll, gilt es darauf zu achten, daß die Entscheidungswege im Projekt möglichst kurz gehalten werden. Dies sichert den notwendigen raschen Fortschritt des Projektes, fördert den vertikalen Informationsfluß sowie die Motivation der Mit arbeiter, die den Eindruck gewinnen, daß sich tatsächlich mit neuen Ideen etwas bewegen läßt.

- Wirkliche Delegation von Verantwortung und den notwendigen Kompetenzen. Da, wo es möglich ist, muß Vertrauen die weitverbreiteten Mißtrauens- und Kontrollmechanismen ablösen. Erst ein Übermaß an Regeln und Vorschriften macht die Menschen klein und unselbständig.

- Schaffung von zeitlichen Freiräumen für innovatives Arbeiten. Keine Zeit heißt schließlich keine Priorität. Das sicher notwendige Tagesgeschäft darf nicht alle Zeit und Energie rauben, sich um die zentralen Erfolgsfaktoren Innovation und Einmaligkeit zu bemühen.

- Professioneller Einsatz von Kreativitäts- und Innovationstechniken in Teamsitzungen wie auch in der Individualarbeit. Dazu muß häufig zunächst eine Bestandsaufnahme der im Unternehmen eingesetzten Methoden und Techniken durchgeführt werden, um dann unter Vermeidung zu großer Streuverluste (Wer ist in Bezug auf was zu schulen?) die notwendigen Trainingsmaßnahmen durchführen zu können.

Generell empfiehlt es sich, weiterverfolgungswürdige Ideen schnell und für die Organisation sichtbar umzusetzen. Das erhöht die Glaubwürdigkeit der Innovationsbemühungen und motiviert zur intensiveren Mitarbeit.

Je mehr Sachverhalte man verknüpft und mit je mehr Leuten man über seine Idee ins Gespräch kommt, desto größer ist die Chance, daß sich neue Lösungen ergeben, weil man bestimmte Verknüpfungen, die dabei entstehen, überhaupt nicht planen kann. Der Zufall läßt sich so häufig „provozieren".

Modul 3

Bausteine zur Einmaligkeit –
Wege in eine erfolgreiche
Zukunft

Die Kreativität der Zukunft – Die neue Online-Kreativität

Michael-A. Konitzer

Die Kreativität der Zukunft wird sich in die Neuen Medien, speziell in die internationalen Computernetzwerke (Internet, World Wide Webs etc.) verlagern – und dort eine völlig neue, vernetzte, digitale und virtuelle Qualität bekommen. Dies soll in mehreren Schritten und an diversen Beispielen aufgezeigt und illustriert werden.

Szenarien

Worst-Case-Szenario

Das in Medien gerne kommunizierte Schlimmst-Szenario der Medienzukunft ist das Leben als Otaku (jap. Könner): der Inbegriff eines modernen Medien-Einsiedlers, eines von der realen Welt abgeschiedenen Medien-Addicts (Zitat „Spiegel"), eines manischen Informations-Spezialitäten-Sammlers, der sein Leben nur vor seinen Computer- und TV-Bildschirmen verbringt und nie mehr mit realen Menschen zu tun hat, sondern nur noch in einer virtuellen Welt der Computernetzwerke lebt, in der er statt mit Fleisch und Blut nur in Bits und Bytes und mit virtuellen Persönlichkeiten verkehrt.

Solch ein Worst-Case wird gerne automatisch mit negativen Assoziationen belegt wie: Einsamkeit, Wirklichkeitsverlust, Stumpfsinn, Beschränktheit, Entfremdung, Schizophrenie, Perversion, Paralyse, Wahnsinn. Und die logischen Folgen: extreme Manipulierbarkeit, Big Brother, Medienfaschismus – Virtualität hier = böser Schein.

Best Case-Szenario

Dem steht das positive, zu oft verklärte Bild eines Cybernauten entgegen, der mit Hilfe seines Computer online offen mit aller Welt kommuniziert und ein aktiver „Agent" in der kommenden New Mediawelt ist, der global kommuniziert, global Gleichgesinnte sucht, um mit ihnen zusammen aktiv zu werden und kreativ zu arbeiten: zugunsten der Welt (Ökologie), der Gesellschaft (Welt-Demokratie). Und jedes Individuum hat dann endlich die Chance, aus dem Medienschatten herauszutreten und sich zu artikulieren.

Solch ein Best-Case-Szenario spielt mit positiven und angenehmen Begriffen und Assoziationen wie: (virtuelle) Gemeinschaft, Solidarität, Pluralität, Kreativität, Demokratisierung, Weltbürgertum, Globalität, Aktivität, Engagement, freie Kommunikation, neue Freiheiten, Multiplikation von Optionen, Aufbruchstimmung (neue Medienwelt). – Virtualität hier = Phantasie & Kreativität.

Wie immer ist die Wahrheit irgendwo zwischen diesen beiden Polen und stets in Bewegung – Gott sei Dank! So haben wir gerade jetzt am Anfang des New Media-Zeitalters die Chance, selber Einfluß zu nehmen, in Richtung welcher der Pole die Kommunikation – und die Gesellschaft der Zukunft sich positionieren wird. Um so wichtiger ist es, sich über die Möglichkeiten und Optionen dieser kommenden New Media-Epoche zu informieren.

Kernthesen

These 1: New Media machen die Medien digital
Prämisse: Mit New Media verstehe ich in der Folge alle neuen, digitalen Medien wie CD-ROM, CDi etc., vor allem aber alle Online-Medien (Netzwerke). New Media bringen die Digitalisierung der

Medien, die Mixtur der verschiedenen Medien (Ton, Bild – bewegt/still, Text) und die stete, jederzeitige und gleichzeitige Verfügbarkeit durch neue (digitale!) Trägermedien (CD, CD-ROM, CDi – incl. künftiger extremer Kapazitätserweiterung) und ihre jederzeitige globale Vernetzung durch (digitale!) Netzwerke (Internet & Co.).

These 2: New Media bringen die Zerstörung jeder linearen Kommunikation
New Media bringen zwingend Interaktivität in den Kommunikationsprozeß ein. Damit zerstören New Media jede lineare Kommunikation (nach dem Kommunkationsmodell von Claude Shannon von 1948: Sender – Medium – Empfänger) mit ihrem Kreativität hemmenden, passiven rezeptiven Modell.

New Media schaffen Interaktivität entweder fiktional (virtuell) durch eine riesige Speicherkapazität, die Interaktivitätsprozesse durch die schiere Datenmenge simulieren: man kann quasi-interaktiv Zusatzinformationen bekommen, die Medien (Bild, Ton, Text, Video) wechseln, verschiedene (vorinszenierte) Handlungsverläufe möglich machen (Multiple Choice), sozusagen Kreativität in der Rezeption entwickeln. Dennoch, egal wie groß der Datenraum und die jeweilige Datenmenge ist, diese Interaktivität ist nur inszeniert – und sie ist beschränkt.

Echte Interaktivität schaffen New Media durch Einbindung in weltweite Computernetzwerke und Online-Dienste. Auf diese Weise ist echte Interaktivität – mit anderen Menschen und Speichermedien, global und spontan möglich. Hier ist das Wissens- und Reaktionpotential unendlich groß. Hier ist die Idee eines „Global Brain" Wirklichkeit.

These 3: New Media befreien aus der Medienpassivität
New Media befreien von der Passivität, die unsere bisherigen Medien (Buch, Zeitung, Radio, TV) durch ihre einseitige Kommunikationsausrichtung erzwungen haben. Echte Interaktivität gibt dem bisher zwangsweise passiven Medienkonsumenten eine aktive Rolle, sie macht aus ihm einen Media-Akteur. Das verändert die Kommunikation und die Rolle des Rezipienten grundsätzlich.

Sie setzen zwingend Know-how – und natürlich auch die Kreativität des Rezipienten voraus.

These 4: New Media machen Kommunikation singulär
Da jedes Individuum weltweit durch Computernetze sein Medienverhalten (Konsum, Aktion etc.) aktiv und individuell gestalten kann, bringen New Media das Ende jeder Massenkommunikation. Durch New Media wird die Kommunikationswelt extrem individuell, im Endeffekt singulär.

Wir stehen am Anfang einer neuen, nennen wir sie „New Media-Gesellschaft". Sie wird die Informationsgesellschaft ablösen. New Media sorgt durch seinen immensen Information-Overflow zu einer Auflösung der Gewißheit der Information. Jeder Rezipient erlebt damit die Informationswelt als immanent paradox, als extrem fraktal (d.h. selbstähnlich, sich stets selbst brechend).

Damit sorgen New Media durch zuviel Information für die Desavouierung der Information und somit für das Ende der Informationsgesellschaft. Ihr folgt eine New Media- oder besser: Online-Gesellschaft (vernetzte Gesellschaft), in der die Kommunikation völlig anders sein wird.

Welche Konsequenzen das für die Kreativität hat, will ich im folgenden darstellen. Ziel dieses Exkurses ist die radikale Schlußfolgerung der Entwicklung einer vernetzten Kommunikation der Zukunft: Durch New Media wird jedes Individuum zu seinem eigenen Medium.

Der Rezipient wird kreativer Produzent

Prämisse: Die Digitalität von New Media bedingt Interaktivität, fordert also gerade die Aktivität – und eröffnet völlig neue Felder, Kreativität auszuleben.

Desk Top Publishing

Schon gibt es die ersten Ansätze der Inbesitznahme von Medien durch den Rezipienten. Der erste Bereich – sozusagen die Killer-Applikation – ist das Desk Top Publishing (DTP). Mit Hilfe dieser Technik sind die Kosten der Produktion von Druckwerken extrem gesunken, und die Kreativität in Sachen Druckwerke extrem gestiegen. Das machte die Menge von immer neuen Zeitschriften (speziell Special Interest-Zeitschriften => Trend: Individualisierung und Qualifizierung von Interessen) möglich. In den USA entstehen aufgrund immer besserer und billigerer DTP-Techniken (Kays Powertools!) immer mehr, vor allem junge, sehr außergewöhnliche Zeitschriften mit neuen Inhalten (z.B. Swing: GenX!) und neuem Design. Viele erfolgreiche Neugründungen (Bikini, Axcess, Hypno, KGB) sehen aus wie papiergewordene Bildschirme.

Parallel dazu ist die Qualität von Drucksachen und internen Medien durch DTP immens gewachsen (und hat der Papierverbrauch hat zugenommen). DTP macht also immer mehr Menschen zu Medienproduzenten.

Video Top Publishing

Der nächste Bereich, in dem das analog stattfinden wird, ist der Video- und Filmbereich. Die VTP-Techniken (Video Top Publishing) sind so weit fortgeschritten, daß Videos – und dann auch Filme von High-Definition-Video-Kameras – am Computerbildschirm mit einfachen Mausbewegungen (Quick-Time) leicht, schnell und billig geschnitten und bearbeitet werden können. Wenn erst Speichermedien wie „Avid" und „Henry" in nicht allzuferner Zukunft breit angewendet werden können, wird es möglich sein, daß jedermann Spiel- und Dokumentarfilme schnell und billig in Eigenregie produziert. Auch Trickfilme (Morphing!) und computergenerierte Videos sind schon bald von jedermann und billig machbar. Dann kann jeder sein eigener Spielberg – oder Scorsese etc. werden. Welch ein neues, weites Feld für Kreativität!

Musik Top Publishing

Dasselbe Bild im Musikbereich. Durch Musik Top Publishing (MTP) und neue, simple Midi-Techniken kann jeder schon heute für wenige tausend Mark seinen Computer zum eigenen (virtuellen) Musikstudio machen. In absehbarer Zeit, wenn für MTP die Hard- und -Software im Preis sinkt, kann jedermann billigst seine eigenen CDs produzieren – oder gar Songs über Computernetzwerke vertreiben – und so sein eigener Musikmedien-Produzent und Distributeur werden.

Tommy Boy Records

Aber auch andere Medienbeispiele beweisen die Gültigkeit der These: der Rezipient wird zum Produzenten: Eine in Deutschland eher unbekannte Plattenfirma, „Tommy Boy Records" ist die erfolgreichste unabhängige Musikfirma der USA. Sie sind die einzige Plattenfirma, die ausschließlich mit Neuproduktionen Zuwachsraten (und schwarze Zahlen) schreibt. Tommy Boy hat Künstler wie Naughty By Nature, Snoop Doggy Dog, Dr. Dre u.v.a. Rap- und HipHop-Künstler groß gemacht.

Und sie ist die Firma, die die Hitparaden in den USA revolutioniert hat, weil sie als erste ein wirklich unbestechliches, computergestütztes, online arbeitendes, in Realtime funktionierendes Verkaufszahlen-Ermittlungsinstrument installiert hat, das jede Manipulationsmöglichkeit durch Plattenfirmen (gezielte Käufe) ausschließt. (Billboard kauft inzwischen ihre Zahlen dort!) Erst dadurch kamen in den USA erstmals auf breiter Front schwarzamerikanische Musik (Rap, HipHop) in die Charts. In Deutschland Techno.

So werden durch neue Technologien (Online, Computer) Kreativitätshemmnisse und – teilweise markttechnische bis rassistische Barrieren aufgehoben – und somit ganz neue Felder für neue Kunstformen (also neue Ausprägungen von Kreativität) eröffnet.

The Box

Eine interessante und in den USA ernste Konkurrenz für MTV ist der Kabel-Musiksender „The Box". Er ist praktisch eine Art Musikbox im Fernsehkanal. Hier kann jedermann sein Lieblingsvideo (bezahlterweise) wie im Wunschkonzert bestellen. Analog zur Häufigkeit der Wünsche wird auch das übrige Programm von „The Box" zusammengestellt. Hier machen also die Rezipienten direkt das Programm. Daher schießen hier am schnellsten neue Songs in der Beliebtheit nach oben. Daher haben gerade hier auch abseitigere oder neuere Songs, Videos und Stile eine große Chance. Und in jeder Stadt entwickelt sich die Situation – je nach Nachfrage – lokal anders. Ein ungeheuer demokratisches, schnelles, kreatives – und regionales – Prinzip, in dem der Rezipient selbst sein Programm zusammenstellt. Der Erfolg, das heißt die Einschaltquoten in den US-Metropolen geben den Machern von „The Box" recht.

Squirt TV

In amerikanischen Kabel-Netzen haben immer mehr von Privatpersonen eigenproduzierte Sendungen große Erfolge. So haben etwa die zwei Teenager Jake (15) und sein Kumpel Frankie (17) mit ihrer abstrusen Talk- und Videoshow „Squirt TV" an guten Tagen beste Einschaltquoten im Kabelnetz von Manhattan (ca. 500 000!). Sie bringen ihre ganz persönlichen Ideen und Inhalte ganz persönlich rüber – und sind dabei extrem unterhaltend. Andere Jugendliche (in Kalifornien und auf Fox) folgen nach – und entwickeln so ihre eigenen GenX- bzw. GenY-typischen TV-Medien. (Von wegen: „500 Channels and nothing on"!) Immer mehr und unterschiedlichere Formen von Kreativität bekommen so ihre (neue) Chance.

Internet Underground Music Archive

Einen Vorgeschmack auf das Musikbusiness der Zukunft gibt ein Blick auf das Internet Underground Music Archive (IUMA). Hier kann jedermann seine selbstproduzierten (Dat, Midi, MTP) Songs und Kompositionen plazieren. Und von dort kann sie jedermann – gegen eine geringe Gebühr – online und digital beziehen und die gespeicherten Daten entweder von der Festplatte des Computers abspielen – oder selbst auf CD abspeichern. Hier ist also jedermann real sein eigener Musikproduzent und -distributor. Hier ist der grenzenlose, billige und freie Zugang zur Kreativität jedes einzelnen Menschen verwirklicht.

Die IUMA repräsentiert eine der wahrscheinlichsten Perspektiven des Musikbusiness der Zukunft – vor allem wenn die Kompressionstechniken besser werden und die Datenübermittlungsraten weiter so schnell steigen. Man geht dann nicht mehr in Plattenläden, sondern (be)zieht seine Lieblingsmusik – nach einem Probehören – online direkt auf seinen New Media-Computer. – Eine für die Musikindustrie ziemlich bedrohliche Vision.

World Wide Web

Ein weiteres Beispiel, wie jedermann in der Netzwerkwelt zum – kreativen und individuellen – Medienanbieter werden kann, ist das World Wide Web (WWW), das zur Zeit technisch beste und optisch ansprechendste Computernetz. Hier kann jedermann seine eigene höchstpersönliche Seite (Personal Pages) unterhalten und gestalten – mit eigenen Werken, Privatphotos, eigenen Texten, Ideen und Aktionen, eigenen Kompositionen etc. bestücken. Er wird so nicht nur Besitzer seines eigenen Mediums, sondern oft sogar selbst zu einem eigenen Medium.

Das WWW kann aber für innovative Entrepreneure auch die ideale Basis für eigene Online-Dienste und -Medien werden. Hier kann jedermann bei Geschick und Ideenvielfalt etc. sein eigenes (Online-) Medienimperium aufbauen. Jeder kann hier sein eigener Verleger, sein eigener Medienproduzent werden.

All diese Beispiele zeigen den Weg, wie Rezipienten selbst zu Produzenten werden. Diese Perspektive kann eine ungeheure, kreative Medienvielfalt schaffen, eine völlig neue globale Pluralität, eine Demokratisierung verkrusteter Strukturen und Entmachtung alter Monopole oder Oligopole. (Muß nicht!) Es läßt die beste Idee siegen und nicht das große Geld. Und es ist ein hervorragendes Mittel gegen jede Meinungsdiktatur. Genau genommen, ist doch jede Zeitung, jedes Magazin, jede Fernsehsendung eine Meinungsdiktatur von etablierten und privilegierten Journalisten oder Medienbesitzern! – Bei New Media und Online entsteht der kritische Geist nicht aus einer „kritischen Haltung", sondern aus der Summe der stetig kommunizierten Widersprüche.

Der Rezipient wird kreativer Prosumer

Prämisse: Die Digitalität von New Media macht die Wirtschaft auf die kreative Mitwirkung des Konsumenten angewiesen.

Prosumer, das ist die Mischung aus Konsument und Produzent. Nicht immer will der Konsument selbst Produzent sein – aber er will, daß nach seinen höchstpersönlichen Wünschen produziert wird. Die Produktion findet dann in Kooperation bzw. Interfusion von Konsumenten und Produzenten statt.

Online-Provider

Die ersten Applikationen von Prosumertum in Sachen Medien ist bei all den verschiedenen Online-Provider zu erleben: Compuserve, American Online, Europe Online, Prodigy etc. Hier ist die Nachfrage nach den verschiedenen Angeboten ihrer Dienste stets quantitativ meßbar. Dementsprechend werden neue Services ins Angebot genommen – und andere verändert bzw. ausgebaut. Hier entsteht im steten Austausch zwischen Produzenten und den Bedürfnissen des Konsumenten ein jeweils passendes mediales Angebot, das kontinuierlich kreativ erfunden wird.

CD-ROM-Magazine

Auch in CD-ROM-Magazinen (Nautilus CD, Blender, World Clip) funktioniert dieses Prinzip (wenn auch virtuell). Aus dem riesigen Angebot an Daten, Bildern, Musik, Ton und Videos holt man sich als Konsument interaktiv gezielt die Anwendungen heraus, die ihn persönlich interessieren. (Hier fehlt der Feedback-Kanal.)

Hybrid-CD-ROM

Besser sind hier CD-ROMs, die zugleich mit Online-Verbindungen arbeiten. Sie verbinden hervorragende optische und akustische Qualität mit der kreativen Interaktivität von Online-Diensten. Es lassen sich mit dieser Technologie interaktive Kataloge, interaktives Homeshopping, interaktive Spiele und optisch attraktive Online-Services optimal umsetzen. (Übergangsmedium!)

Tommy Boy Records

Ein Beispiel von idealem Prosumerismus ist auch das schon erwähnte Verkaufsermittlungssystem von Tommy Boy Records. Sie recherchieren in den USA zusätzlich aber auch noch qualitativ – nach Trends. Nicht nur Musiktrends, sondern generell gesellschaftliche Trends – um die richtigen Themen, die richtigen Codierungen und die richtigen – gesellschaftlichen – Sounds präsentieren zu können. Trendmonitoring, vor allem wenn z.B. online betrieben – samt Feedback – ist ein ideales Mittel für Prosumerismus (West, Levis u.a.). Es meldet sozusagen den kreativen Input der Konsumenten (via Szenen etc.) an die Produzenten weiter.

Mikro-Hysterien

Auch das Mediengeschäft wird immer mehr zu gelebtem Prosumerismus. Immer mehr wird die Medienlandschaft nicht mehr von großen Themen beherrscht, sondern immer mehr von kleinen, schnell vergehenden Medienhysterien (Skandale, Probleme etc.). Immer weniger sind die (unwissenden) Rezipienten auf der Suche nach einer Nachricht (und damit „Wissen"), immer mehr sind die Nachrichten auf der Suche nach ihren Rezipienten, nach ihren Konsumenten. Daher bestimmen immer öfter die Rezipienten die sie interessierenden und damit „wichtigen" Themen, immer weniger die „wissenden" oder gar „kritischen" Journalisten. Sie bestimmen kreativ (auch wenn es dann sehr populistisch platt wirkt – das macht die Masse und die fehlende Kultur der Kreativität in der heutigen, im Umbruch befindlichen Medienwelt) die Inhalte der erfolgreichen Medien – und nicht mehr anders herum. Erfolgreiche Medien werden ihre Inhalte künftig nur mehr im steten Austausch mit ihren Konsumenten entwickeln: Prosumertum pur!

Online Shopping / Global Shopping

Die optimalste symbiotische Verbindung von Prosumertum wird das Online-Shopping sein, teilweise – und zunehmend – global. Ich kann so in Hongkong einkaufen, Bücher aus den USA beziehen, Mode aus Italien, Weine aus Frankreich. Ich bekomme das Angebot, die Modelle, die Spezifikation aktuell online präsentiert, irgendwann in Farbe, mit Musik, verschiedenen Größen etc. – und bezahle dann mit international eingeführtem, in Computernetzwerken gültigem e-money, Digital Money vom Computer. Hier wird die Nachfrage dann online und in Echtzeit die Produktion bestimmen. Es wird erst nach der Bestellung gefertigt werden z.B. Kleidung, CDs, bestimmte Spezifikationen, Bücher (online), Mixturen (Kaffee, Tee, Cocktails etc.). Die Produktion kann sich so immer mehr individualisieren und singularisieren!

So kann sich einerseits durch ein globales Angebot eine neue Konsum-Kreativität entwickeln. Zugleich kann so die Kreativität der Konsumenten direkt Einfluß auf die Produzenten – und die Produkte gewinnen.

Informationsagenten

Um sich in dem unglaublich großen, globalen Angebot in den Computernetzwerken an Medien, Produkten, Ideen, Services etc. noch zurechtfinden zu können, werden immer mehr Menschen individuell programmierte, intelligente – und sogar kreative – Informationsagenten einsetzen. Das sind speziell auf die Bedürfnisse einzelner Individuen spezialisierte Softwareprogramme, die in den Computernetzwerken im Auftrag ihrer Besitzer nach interessanten Meldungen, Ideen, Produkten etc. Ausschau halten. Sie verschaffen ihm ein extrem individualisiertes, maßgeschneidertes Angebotsspektrum. Sie automatisieren sozusagen das Prosumertum.

Es werden für Informationsagenten ganz neue Märkte entstehen. Und je besser, singulärer und intelligenter ein persönlicher Informationsagent ist, desto teurer wird er sein – ein Statussymbol der Zukunft. Und um sie nicht dumm und wenig anpassungsfähig zu machen, wird man den besten von ihnen eine Art automatische Mobilität und Kreativität mitgeben müssen (Zufallsgenerator, Test- und Schnupperfelder etc.). Trendmonitoringsysteme sind heute ein Vorläufer dieser Entwicklung. Sie sind – reale – Informationsagenten für bestimmte Firmen und Marken.

Der Rezipient wird kreativer Netzwerk-Nomade

Prämisse: Die Digitalität von New Media macht Vernetzung möglich und eröffnet so eine völlig neue Welt, die es kreativ zu entdecken gilt.

Positive Kernthese der Netzwerkwelt und ihrer Kultur ist: Netzwerke bilden eine ganz neue Art von Verwandtschaft, Engagement und Anteilnahme (kinship, ownership, partizipation). Sie verbindet ganz neue Stämme von Gleichgesinnten und Gleichinteressierten, Stichwort: Network-Tribalismus. Die Netzwerke schaffen neue, thematische oder interessenbedingte soziale Systeme, und zwar über alle Grenzen und Kontinente hinweg.

Die ganz große Applikation, die diesen Gedanken in den USA längst durchgesetzt hat – und jetzt dabei ist, Europa zu erobern, ist das Internet mit seinen verschiedenen Systemen (WWW u.a.). Wie gut das funktioniert, und wohin diese Entwicklung führen kann, sei an ein paar Beispielen verdeutlicht.

Informationsgeschwindigkeit

Die Meldung von dem großen Erdbeben in Los Angeles – oder in Kobe – macht in den Computernetzwerken schneller die Runde als es CNN oder die Nachrichtendienste vermelden konnten. Während die endlich ihre Meldungen abschickten, wurden in den Netzen schon (in Echtzeit) die Ursachen – und die Folgen diskutiert, Tips für Betroffene vermittelt, Versicherungsmeldungen abgegeben etc. Diese Beschleunigung ist eines der auffallendsten Besonderheiten der Network-Welt.

Network-Engagement

Längst hat sich viel vom sozialen (und politischen) Diskurs und dem Engagement aus der etablierten Medienwelt und der Öffentlichkeit in die Computernetzwerke verlagert. Immer öfter berichten Zeitschriften nur mehr über Vorgänge und Aktionen in den Netzen, längst haben sie die wahre Initiative übernommen. So wurde beispielsweise ein Projekt der US-Regierung, den Meeresboden durch Schallwellen neu zu vermessen, was die Gehörorgane von Delphinen und Walen stören bzw. vernichten hätte können, allein durch eine Protestbewegung innerhalb des Internet, bei der in drei Tagen zigtausende von Zuschriften und Protesten (online) eingingen u.a. im Weißen Haus, wirksam verhindert. Den Massenmedien blieb nur noch übrig, über den Erfolg dieser Aktion zu berichten.

Genauso gut und schnell können hier völlig neue kreative Ideen oder Lösungsmöglichkeiten kommuniziert werden.

Network-Stämme

Immer öfter werden sich spontan – oder regelmäßig – Gruppen von Menschen in Gesprächs- oder Aktionsforen in den Computernetzwerken treffen und sich dort inhaltlich – oder auch sozial oder profan alltagsmenschlich austauschen. So werden ganz neue Stämme, Gruppen, Clans von Menschen quer über den Erdball entstehen, die eigene Moden, eigene Themen, eigene Aktionen, eigene Trends und eigene Fetische ausbilden werden. Sie werden eigene, exklusive Sphären schaffen (z.B. heute schon: Frauenforen – incl. Aufnahmeprüfung), die schließlich eigene, neue Märkte entstehen lassen werden. Ein riesiger Nukleus neuer sozialer Kreativität.

Network-Marketing/Network-Advertising

Die Network-Welt und die Network-Society werden ganz neue, kreative Techniken von Marketing und Werbung benötigen. Ein wichtiges Stichwort lautet: Vom Push- zum Pull-Marketing. Man wird Werbung nicht mehr dem Konsumenten aufdrängen können, sondern man wird ihn dazu reizen müssen, sich für eine bestimmte Werbung zu entscheiden. Das setzt eine viel größere, eine ganz andere Kreativität voraus, ein ganz anderes Markenverständnis – und eine ganz andere Ehrlichkeit und ein ganz anderes Bewußtsein.

Dafür muß man entweder eine Marke, ein Produkt oder die Werbung selbst zum Medium machen (Colors von Benetton, Sony-Magazin, Shell-Werbung). Marken können dann zu eigenen News-Providern werden, sie können eigene Online-Dienste eröffnen und damit Anbieter von Echtzeitmedien werden. – Eine 2. Möglichkeit: man offeriert als Anbieter Benefits: freie Online-Zeiten, gratis Software (TV, Video, Musik, etc.), Rabatte.

Die Network-Society wird auf alle Fälle ganz andere Ansprüche an die Werbung und Agenturen stellen. Diese werden z.B. Sozialpartner werden müssen, Trendmanager, Kommunikatoren, Mediatoren, Kommunikationsmanager, Selfware-Produzenten (Ratgeber etc.), sie werden selbst Teil der Pop-Kultur werden – und Beziehungskulte inszenieren und pflegen lernen. Das setzt sehr viel mehr Kreativität als heute voraus – und eine völlig andere Kreativität, nämlich auch eine „verantwortliche Kreativität" (sozial oder merkantil oder politisch oder kulturell).

Die Kreativität wird digital

Prämisse: Die Digitalität von Multi-Media macht die Kommunikation offen, sie ist das Ende jeder Linearität, eröffnet neue Freiräume für Kreativität.

Digitalität verändert das Produktionsprinzip jedes Mediums. Wer je einst auf einer Schreibmaschine seine Texte geschrieben hat und dann zum Computer wechselte, kennt den Effekt. Einst mußte man seinen Text analog und linear strukturieren, am Computer kann man nicht nur jederzeit alles korrigieren, sondern man kann jederzeit an jeder Stelle (weiter-)schreiben, und man kann ganz einfach Texte oder Textteile einfügen, ganz einfach mit dem Befehlen „Paste" und „Copy", „Ausschneiden" und „Einfügen". Das bedeutet das Ende jeder Linearität.

In einer digitalen Online-Welt gilt diese Zugriffsmöglichkeit weltweit für alle jemals digital abgespeicherte Medien. Und das gilt für Wort, Bild, Ton, ja grundsätzlich für jede Art von Software. Man kann sich global aus einem immensen Datenpool bedienen – und Eigenes daraus schaffen. Das macht die Kommunikation extrem offen.

Dieser Effekt der Digitalität schafft zwei wichtige neue Stilprinzipien, die die Kreativität der Zukunft besonders prägen werden –

und mit ihr die (Medien-)Welt der Zukunft: Sampling und Virtualität/Cyber.

Sampling

Sampling erleben wir zur Zeit als breite Applikation in den Hitparaden. HipHop, Techno, Trance etc. sind allesamt typische Sampling-Werke. Sie zeigen auch die Bandbreite: von simpel, dummer Massenware (Deppen-Techno) über pure Mode (Jungle: Goldie!) bis zur extremen Avantgarde (Brian Eno, Black Dog – incl. Online-Kommunikation).

Sampling wird das gängige Kulturprinzip und eine kommende Kreativitätstechnik des digitalen Computerzeitalters werden, es ist das naheliegende Produktionsprinzip eines elektronischen Massenspeichers. Sampeln ist die kreative Kunst des „paste & copy".

Es ist mehr als eine einfache Patchwork-Technik, es schafft mehr als nur eine Collage, es ist mehr als schnöde Eklektik. Sampling verändert die einkopierten Einzelteile, stellt sie in neue Zusammenhänge, schafft in der Mischung Neues. Beim Sampling entsteht stets mehr als nur die Summe seiner Teile. Sampling ist ein kreatives und evolutionäres Produktionsprinzip. Es entsteht dabei ein ideeller, emotionärer, qualitativer und evolutionärer Mehrwert. Dessen Mehrwert kann als „Bewußtsein", als „Exformation" (Gerken) oder gar als „Meme" (Richard Dawkins, „The Selfish Gene"), als ideeller, pararealer Genpool (Rhizom = Gerken) definiert werden.

Die Folge heute: aus sämtlichen Epochen, Stilen und Werken wird in Ton, Bild und Text exzerpiert und gesampelt und so neue Werke und Systeme geschaffen. Dieses Produktions- und somit Kultursystem wird ausgiebig in neuen Musikformen wie HipHop, Trance, Techno, House, Breakbeat etc. praktiziert. Wegbereiter hierfür war die Disk-Jockey-Kultur mit ihren live gemixten Samples aus Songs, Lines, Rhythmen und Scratches.

Das gleiche Phänomen ist aber längst auch in allen anderen Medien zu beobachten. Natürlich besonders in digitalen Medien: CD, CD-ROM, CDi etc, aber auch in gängigen Medien: Im TV ist es das Zapping als Konsumprinzip, im Film Werke wie „Natural Born Killers". Auch in neuen Computer-Grafik-Designs und Layouts (z.B. RayGun, Wired, Mondo, Bikini, Axcess, frontpage etc.) wird immer mehr gesampelt. Gleiches in der Mode. Auch hier werden immer mehr fertige Teile oder Komplexe wild gesampelt. Beispiele: Jean-Paul Gaultier, Vivienne Westwood, Katherine Hammnet, Anna Sui und besonders Xuly Bët (Puma!). Und besonders für Artwork, Werbung, Design wird Sampling ein immer wichtigeres Stilmittel.

Aber diese Entwicklung geht noch weiter: es wird IJs (Informations-Jockeys), M(edien)Js, V(ideo)Js, N(etwork)Js, C(omputer)Js, R(eligion)Js, S(piritual)Js, H(ealth)Js etc. geben. Denn Sampling wird in Zukunft das gängige Stil- und Produktionsprinzip in vielen Bereichen des Lebens werden: Meinungen werden gesampelt, Glauben, Spiritualität. Sampling könnte nicht nur eines der großen kommenden Kreativitäts-Tools der Zukunft werden, sondern sogar eine neue Marketingmethode, könnte zum Prinzip der Selbstheilung, könnte sogar zur Philosophie des 21. Jahrhunderts werden.

Cyber/Virtualität

Die zweite große, kreative Anwendung von Digitalität ist die Schaffung neuer, virtueller digitaler Welten, also alles was gemeinhin unter dem Stichwort „Cyber" firmiert. Dazu sollte man sich aber bitte nicht immer gleich diese unhandlichen Helme assoziieren und all der Hype um dieses Wort – incl. Absonderlichkeiten wie „Cybersex".

Cyber meint nichts anderes, als mittels digitaler Techniken geschaffene, nicht real, sondern im Datenraum – virtuell – existierende Welten, die in Bits und Bytes erbaut werden (u.a. per Sampling) und dann per Bild (4c, 3-D), Ton, Sensorik und vielleicht auch einmal Geruch erlebbar werden. Das können Traumwelten sein, Alptraumwelten, der Phantasie sind hier keine Grenzen gesetzt.

Einen ersten, idealen Vorgeschmack auf solch eine Welt gibt das Computerspiel „Myst", das meistgelobte, meistverkaufte Computerspiel auf CD-ROM derzeit. Myst ist so eine echte Killer-Applikation für Virtualität. Es zeigt eine eigene, hypnotisch faszinierende Welt (in 4c, 2-D Bildern & Ton) samt eigener Gesetzmäßigkeiten, Philosophie, Brüchen und Abgründen, die es zu erfahren, verstehen und durchstreifen gilt. Es gibt keine Spielanleitung, keine Gebrauchsanweisung, nur Try & Error. Es verläßt sich völlig auf die Neugier des Users, seine Spielfreude und seine Kreativität im Umgang mit dieser Welt. Und diese Welt fasziniert so sehr, daß dieses Suchen (und Erleben) enormen Spaß macht. (Abgesehen davon, kann man sich in etlichen Network-Foren Tips und Informationen zu Myst holen!) Myst ist von zwei – religiös engagierten – Brüdern als ihre eigene Phantasie-Welt erschaffen worden. Es ist das Produkt purer Phantasie und Kreativität von zwei Menschen (with a little help). Es ist eine virtuelle Phantasiewelt, die surreal wirkt, aber noch mit realen Versatzstücken arbeitet.

Die Cybertechnologie macht auch parareale, sozusagen undenkbare Erfahrungen erlebbar: man kann die Meere als Delphin durchstreifen, die Welt als Gen erleben, den Kosmos als Photon (Lichtmaterie) durchstreifen, man kann neue Welten mit neuen Gesetzmäßigkeiten erdenken (und bauen), neue Dimensionen erdenken etc. Das eröffnet völlig neue, unermeßlich kreative Möglichkeiten, es befreit uns von unserer Realität und hat so eine immense ethische, philosophische, kreative, emotionale und gesellschaftliche Sprengkraft. Sie kann eine große evolutionäre Kraft werden, die unsere Zukunft – und uns in ihr – bestimmt.

Noch sind unsere Computer nicht so weit, daß die Illusion der Wirklichkeit per Cyber echt realistisch wird. Das dauert noch. Dazu müssen unsere PCs Cray-Leistungsdimensionen erreichen (Perspektive: schätzungsweise 2010 – 2020). Aber vielleicht braucht die Cyberwelt gar nicht unsere Ästhetik der Realität und wird eine eigene Ästhetik der Daten-Effektivität kreativ entwickeln – und sie irgendwann auch überwinden.

Die Kreativität beschleunigt sich radikal

Prämisse: Die Digitalität und Vernetztheit von Multi-Media beschleunigt die Entwicklung der Gesellschaft radikal und bedingt eine völlig neue Qualität der Kreativität: „Vitesse".

Digitalität, Netzwerk-Verbindung, Interaktivität, Nomadentum – das alles wird zu umfassenden Veränderungen führen. New Media werden die Gesellschaft schneller verändern als viele noch ahnen oder prognostizieren (z.B. Horst Opaschowski Leiter des B.A.T. Freizeitinstituts in Hamburg). Es gibt zu viele Killer-Applikationen, zu viel Geld wird investiert (u.a. Bill Gates, Paul Allen, oder Spielberg, Geffen & Katzenberg von „Dreamworks", Bertelsmann oder Hubert Burda in Deutschland). Die Begeisterung für die neuen Medien und die Netzwerkwelt ist in den USA immens, die Zuwachsraten bei CD-ROM-Playern ist exorbitant und demnächst werden Compaq und Apple u.a. ihre Geräte serienmäßig mit CD-ROM-Laufwerken und Modems ausstatten und so zu New Media-Maschinen machen. Online-Dienste haben immense Steigerungsraten. Beim Internet weit über 100 Prozent. Die Faszination dafür ist so groß, daß selbst hohe Telefongebühren wie in Deutschland nicht mehr wirksam abschrecken. Die Faszination des globalen Dialogs, des Informations-Nomadentums ist zu groß.

Vor allem aber wird die Entwicklung des New Media-Marktes die Welt ungeheuer beschleunigen. Nachrichten, Informationen, Wissen ist durch die Netzwerke erstmals in Echtzeit verfügbar. Es gibt keinen wirklichen Zeitvorsprung mehr. Immer mehr siegt die Geschwindigkeit über schiere Größe, immer mehr siegt die geschickte Umsetzung und Nutzbarmachung von Schnelligkeit, nennen wir sie „Vitesse" in Anlehnung zu „Finesse". Zeit wird so in Zukunft zum großen Luxusgut in der Überflußgesellschaft – da nicht beliebig vermehrbar – und nichts mehr verzögerbar ist. Die unmittelbare Nutzbarmachung von Informationen wird Selbstverständlichkeit. Und freie Zeit – das heißt frei verfügbare Zeit, und Zeitsouveränität, das heißt Macht über die Dosierung und Plazierung der freien Zeit, sind die großen Privilegien im New Media-Zeitalter.

Zeit wird auch eines der bestimmenden Momente von Kreativität werden. Es kommt in Zukunft nicht mehr so sehr auf die große Idee, den großen Wurf an, sondern auf eine möglichst schnelle, passende, flexible Kreativität. „Kreativität in Echtzeit" könnte das Stichwort heißen.

Der Faktor Zeit wird für die Gesellschaft eine immense Sprengkraft haben. Man wird Leistungen in Echtzeit als neue Selbstverständlichkeit kennen- und liebenlernen. Das wird ein Problem und eine besondere und schwere Herausforderung für alle Kreativen, für die Kulturschaffenden, und besonders für die Wirtschaft werden. Gerade Produktion, Marketing und Werbung werden sich mit der Beschleunigung besonders schwer tun.

Die Kreativität wird fraktal

Prämisse: Die Digitalität von Multi-Media schafft eine fraktale Welt – und fraktale Rezipienten.

Schlußpunkt der Entwicklung – und man verzeihe den in weiten Marketing-Kreisen inzwischen Allergien auslösenden Terminus: Der Rezipient wird fraktal.

Schnell eine knappe Definition des Begriffs: Fraktalität zeichnet sich aus durch

- Selbstähnlichkeit,
- Selbstbrechung,
- Paradoxie als Prinzip,
- selbstreferenzielle (oder autopoietische) Entwicklung und
- ein evolutionäres Prinzip.

Genau das trifft auf den Rezipient und die Kommunikation der Zukunft zu:

- Jede Information wird sich selbst selbstähnlich sein – und mit ihr der Rezipient. Dafür sorgt schon das Überangebot an Informationen – und das Sampling-Prinzip. Nur noch der Mix aus Informationen schafft Unterschiede – und die individuelle Rezeption.

- Jede Information wird sich selbst brechen. Denn im Information-Overflow widerspricht jede Information einer anderen. Zu jeder Information gibt es einen Widerspruch, jede Information erlebt so – sehr schnell – ihre Brechung.

- Bestimmendes Merkmal des New Media-Zeitalters wird die stete Paradoxie sein. Alles stimmt und zugleich nichts. Es gibt keine Wahrheiten (und keine Ideologien) mehr, sondern nur mehr zeitlich vereinbarte Realitäten. (GenX!)

- Trotzdem – oder richtiger: – genau durch die Menge der Informationen, die als Sample und online vernetzt kommuniziert wird und stets mehr als die Summe ihrer Teile sind, entstehen neue Wirklichkeiten, neue Ideen, neue Erkenntnisse – neue Informationen. Ein selbstreferenzieller, autopoietischer Prozeß, der sich selbst in Gang hält, sich selbst steuert und stets beschleunigt.

- Letzeres ist das typische Merkmal eines evolutionären Prozesses. Fakt ist: die Entwicklung läßt sich nicht aufhalten, nicht wirklich steuern, aber man kann Einfluß darauf nehmen. Vorbedingung: man informiert sich über diese Vorgänge, versucht sie zu verstehen und deren Gesetzmäßigkeiten zu akzeptieren.

Auch die gegenwärtige Entwicklung im Marketing von der Marktforschung zur Trendforschung und weiter zur Turbulenzforschung (parallel dazu in der Wissenschaft zur Chaosforschung) manifestiert diesen Weg in die fraktale Kommunikation – hin zum fraktalen Rezipienten.

Die Online-Welt und ihre Kreativität schafft völlig neue Probleme

Prämisse: Die Digitalität von Multi-Media schafft eine neue Qualität von Problemen, auch die Problematiken entwickeln eine neue Kreativität.

Die digitale New Media- und Online-Welt hat nicht nur positive Seiten. Dieser Eindruck soll auf keine Fälle entstehen. Deshalb möchte ich auch etliche Probleme und Gefahren erwähnen, die in dieser Zukunftswelt der Kommunikation warten und die unsere Kreativität in Sachen Problemlösung hart fordern werden.

Monopole

Noch gibt es in der New Media-Welt eine ungeheure Menge an Entrepeneuren, Goldgräbern und Newcomern. Aber bei den Computernetzwerken ist schon jetzt eine Entwicklung zu großen, monopolartigen Konglomeraten (Fusionen!) zu beobachten. Wenige, solvente Anbieter (vorzugsweise Software-Giganten und Netzwerkbetreiber) werden diesen Markt unter sich ausmachen. Die Kosten und Investitionen für New Media – und vor allem für Online-Dienste und deren Unterhalt scheinen zu groß, als daß kleine Anbieter auf lange Sicht eine echte Chance haben. Monopole fördern nie Kreativität.

Information-Outdrops

Geld bzw. die Bezahlbarkeit von New Media und Online-Diensten sind auch der Kern des nächsten Problems. Es wird in Zukunft sehr viele Information- bzw. Online-Outdrops geben. Damit sind nicht mal diejenigen gemeint, die keinen Computer haben, ihn nicht bedienen können oder für ihre Informationen nicht auf Papier verzichten können (Paper-Addicts). Nein damit sind alle diejenigen gemeint, die sich keine New Media-Computer bzw. hochentwickelte Software leisten können, die kein Geld für teure Online-Services haben. Und das werden in Zukunft nicht nur wenige Arme und Obdachlose sein. Wir steuern auf eine halbierte Gesellschaft zu. Die eine Hälfte lebt in gesichertem, höchstem Wohlstand, die andere Hälfte ist immer zumindest von echten Armutsphasen bedroht bzw. immer wieder heimgesucht.

Denkbar ist daher eine Art Informations-Verelendung, eine Informations-Not, zumindest aber eine Junk-Informations-Kultur für diese Menschen. Eine Kultur, in der es kein Wissen, sondern nur Zeitvertreib (Zeit-Tötung) gibt (s.a. Zeit = Luxus). Eine Medienkultur, die nicht Kommunikation fördert, sondern nur sediert. (Otaku!) Einen Teil einer Mediengesellschaft, die sich kein Entertainment, kein Edutainment, kein Psychotainment etc. leisten kann, die nur mit leerem „Tainment", das heißt kulturellem Leergut abgespeist wird. Wie sollen solche Menschen mit der künftigen Gegenwart mithalten können – geschweige denn in dieser Welt Kreativität entfalten können?

Der gesellschaftliche Dialog über diese Probleme ist noch nicht mal eröffnet. Dazu ist es höchste Zeit. Thema: Öffentlich-rechtliche Netze, öffentliche Online-Bibliotheken und -Datenbänke, Online-Verwaltung etc.

Information Deficit, Information Overload

Es können so große Bevölkerungsteile entstehen, die aus der New Media- und Online-Welt ausgesperrt bleiben, bzw. nur deren Brosamen abbekommen. Die schlimmste Konsequenz für sie ist, daß sie von dem in Zukunft so wichtigen Prozeß des lebenslangen Lernens – eine der wichtigsten Vorteile der Online-Welt – ausgesperrt bleiben. Und sie werden aus den kreativen Prozessen dieser Welt ausgesperrt sein. Ihr Problem: Information-Defizit, schlimmer: Chancen-Defizit.

Die andere Hälfte (bzw. 55 – 60 Prozent) haben das gegenteilige Problem: sie erleben einen Information-Overflow. Das kann zu manifesten psychischen Problemen führen (Borderline u.a.), im lindesten Fall zu „Overlinking" (Bolz), einer Kreativitäts- und Aktivitäts-Lähmung aufgrund eines Überangebots.

Wichtigstes Tool gegen diese Gefahr ist das Know-how um stetes, kreatives „Entlernen", die kontinuierliche Entrümpelung von Computer-Speicher und Hirn von unnützem, überholtem, leerem Daten-Müll (Bad Data). Man darf aber nicht blind und automatisch Daten entlernen, etliche braucht man ja vielleicht in Zukunft wieder (z.B. für neue Samples). Hier wird es intelligente, kreative, maßgeschneiderte Informations-Verwalter-Programme geben müssen, sozusagen den Gegenpart der Informationsagenten, die je besser und nützlicher, desto teurer (und damit statusträchtiger) sein werden.

Die Kreativität der Zukunft bringt völlig neue Gefahren

Prämisse: Die Digitalität von Multi-Media schafft neue Gefahren einer völlig neuen – digitalen – Dimension.

Die Zukunft der Kommunikation ist nicht nur schön und positiv. Die Digitalität schafft auch viele unangenehme und gefährliche Entwicklungen und Optionen. Hier seien nur einige wenige, teilweise krasse erwähnt. Auch sie gilt es ins Kalkül zu ziehen, wenn es um die Zukunft der Kommunikation geht. Denn Kreativität wird auch in Zukunft nicht nur positiv, konstruktiv, sondern immer auch kontraproduktiv, negativ – bis kriminell genutzt werden.

Clipper Chip

Die amerikanische Regierung versucht seit einiger Zeit durchzusetzen, jedes elektronische Gerät, das online verbunden ist (also auch Telefone), mit einem sogenannten „Clipper Chip" auszustatten. Der würde es staatlichen Stellen und Polizeibehörden möglich machen, sich jederzeit und vom Medienteilnehmer unbemerkt, in alle Kommunikationsvorgänge einzuklinken und sie mitzuverfolgen. Das wäre das ideale Schnüffelinstrument, der Horror jedes Datenschützers, und das Ende der Unverletzlichkeit der (medialen) Privatsphäre. Argument für den Clipper Chip ist die Unkontrollierbarkeit von Kriminalität in der Netzwerkwelt. – Irgendwann vielleicht ein schlagendes Argument.

Online-Kriminalität

Gerade Kriminelle (Dealer, White Collar-Crime, Rechte) nützen schon heute perfekt die neuen technischen Möglichkeiten der Online-Welt. Jeder Dealer hat sein eigenes Handy, mit dem er nicht abgehört und nicht geortet werden kann. Die nächste Technologie, die die kriminelle Kreativität erleben wird, ist die Online-Welt. Längst gibt es schon Kriminalität in den Netzen. Daten von Kreditkarten werden mißbraucht, Gespräche und Online-Dialoge gescannt. Immer mehr Netzwerkfreaks beginnen daher verschlüsselt zu kommunzieren.

Besonders heikel wird die Situation werden, wenn „e-money", frei in Computernetzwerken verfügbares, digitales Geld, eingeführt wird. Dann wird es Online-Diebstähle geben. (Anonymes e-money?) Und auch ganz andere Probleme und Auswüchse rechtlicher Natur schafft die Online-Welt. Es gab z.B. bereits die ersten Prozesse wegen Online-Harassment (Belästigung).

Dataveillance

Die Digitalität der New Media-Welt eröffnet dem Staat oder auch der Wirtschaft völlig neue Möglichkeiten der Beobachtung seiner Bürger – bzw. der Konsumenten. Es kann schon heute aufgrund der Nutzung von Kreditkarten, Scheckkarte, elektronische Fahrkarten, Autobahngebühren, Stromverbrauch, Mediennutzung, Kommunikationsstrukturen etc. eine digitale Spur und ein digitales Verhaltens- und Konsum-Raster jedes Konsumenten erstellt werden, das positv genutzt, aber auch mißbraucht werden kann.

Ein Beispiel von heute:
Es ist in den USA schon passiert, daß Diätkliniken ihre Kundendaten an Hersteller von Süßigkeiten verkauft haben. In Zukunft kann aber schon mit jedem Einsatz von Kreditkarten über „Transaction Generated Informations" (TGI) Warenart, Konsumbereitschaft, Kaufort und -zeit markieren. Mit intelligenter Software lassen sich daraus psychographische Profile erstellen, die für Marketingzwecke ge- bzw. mißbraucht werden können. Per Realtime Residentila Power Line Surveillance (RRPLS) lassen sich Abnormitäten im Stromgebrauch (Menge und Zeit) feststellen – und Schlüsse daraus ziehen. Längst gibt es Software, die vorher eingegebene Menschenprofile automatisch und mit nur geringer Fehlerquote (selbst bei Verkleidung) aus einer von Videokameras überwachten anonymen Menschenmenge den oder die Gesuchte(n) digital herausfiltern kann – und ihr Bewegungsprotokoll erstellen kann. – Diese Technik wird in den USA von Sicherheitsunternehmen bereits eingesetzt. Big Brother läßt grüßen. Hier ist die freie Kreativtät durch die Kreativität der Überwacher in Gefahr!

Mir ist um die Online-Zukunft dennoch nicht bange. Ich habe keine Angst vor ihr, trotz aller Gefahren. Ich habe eine große Neugier auf diese Welt, in des Wortes bester Bedeutung. Aber um ihr kreatives Potential wirklich nutzen zu können, um damit gut umgehen zu können, um Gefahren und Probleme zu minimieren braucht es Wissen um die Eigenschaft von New Media, braucht es Reflexion – das habe ich zu liefern versucht.

Und es braucht vor allem Kommunikation darüber. Am besten online. Mich erreicht man online über Compuserve unter der Nummer 100530,2733. Net's work together!

Chancen und Risiken auf dem Weg zu kompromißloser Kundenorientierung

Michael Pankow

GROHE – ein Teilnehmer des Sanitärmarktes in Deutschland

Zu den Besonderheiten der Sanitärbranche gehört zweifellos der klassische Vertriebsweg, den es zumindest in dieser strikten Form in anderen Wirtschaftszweigen nicht mehr gibt. Der Erfolg der drei Marktpartner Industrie, Sanitärfachgroßhandel Sanitärfachhandwerk, bestätigt: Der in Deutschland hohe Sanitärstandard mit einer im europäischen Vergleich bemerkenswerten Vielfalt und einem ausgezeichneten Leistungsverhältnis ist kein Zufall, sondern Ergebnis eines über viele Jahrzehnte gepflegten und professionalisierten Wirtschaftsprozesses, gegen den sich nichts sagen läßt, da er in sich schlüssig und für alle Teilnehmer erfolgreich ist.

Vielleicht ist gerade dies der Grund, warum es immer und überall Anlässe und Situationen gibt, um über die deutsche Vertriebs- und Distributionskultur zu diskutieren. Manchmal müssen Außenstehenden solche Debatten sogar wie Glaubenskriege vorkommen. Die Frage muß erlaubt sein: Ist das vielleicht deshalb so, weil in dieser Branche entgegen offizieller Beteuerung doch manches Mißtrauen herrscht?

Der Installateurbetrieb mißtraut seinem Kollegen, weil der von Zeit zu Zeit im Baumarkt kauft. Ebenso mißtraut er dem Fachgroßhändler, weil der gelegentlich an den Endverbraucher fakturiert. Hinzu kommen Fachgroßhandlungen, die Baumärkte bedienen. Nicht zuletzt gibt es Hersteller, die direkt den Handwerker versorgen bzw. an Baumärkte liefern.

Der Verbraucher entscheidet nur aufgrund eines vernünftigen Preis-Leistungs-Verhältnisses bei leichter Verfügbarkeit.

Den Verbraucher interessiert das nicht im geringsten. Ihn interessiert nur preiswürdige Leistung von hoher Qualität. Dabei ist der klassische Vertriebsweg für ihn sehr praktisch und sinnvoll. Deshalb wandelt er wie selbstverständlich auf dem traditionellen Pfad der sanitären Bedarfsdeckung. Solange zumindest, bis ihn die öffentliche Diskussion darüber verwirrt und auf den Gedanken bringt, die „Spur zu wechseln".

Die Branchenstruktur ist damit nicht nur eine Organisationsform, sondern auch ein Wirtschaftsprozeß mit einem hohen Maß an Verantwortung für alle Beteiligten. Dies wurde, soweit man sehen kann, auch rechtzeitig von allen Machern dieser Branche erkannt. Der sogenannte klassische Vertriebsweg führt solange zum Erfolg, wie jede Stufe beste Leistung liefert, die sowohl den Änderungen der Nachfragestruktur angepaßt, als auch kundenfreundlich ist.

Von Kundenbindung zu Partnerkonzepten

Daher müssen zur Sicherung des Vertriebsweges vernünftige Konzepte geschaffen und umgesetzt werden, die z. B. die breite Leistungspalette von Handwerksbetrieben differenziert vermarkten. So versucht der GROHE Profi Club (1) „aktiv zu helfen" und an der Zukunftssicherung der Handwerkspartner mitzuwirken.

Gefragt ist insbesondere die Visualisierung der Handwerksleistung

Gleiches gilt jedoch für die Kompetenz des Großhandels. Kompetenz, die über die traditionelle Funktion hinausgeht. Sie sollte sich nicht nur durch Endverbraucherwerbung in den Sanitärfachausstellungen darstellen, sondern neben Logistik und Finanzierung etwa den Ersatzteilservice bei Markenprodukten mit vernünftigen Preisen zur Sicherung der Sanitärkompetenz engagiert heranziehen.

Kompetenz und Vertrieb, Dienstleistung und die Präsentation bekannter Marken visualisieren Leistung und gewinnen Kunden und damit Geschäft. Wenn alle Marktteilnehmer heute von Kundenbindung reden, so ist ihnen häufig nicht klar, was sich hinter dem Wort „Bindung" verbirgt. Der Umworbene ist in der Regel ein Mensch, der selbständig entscheidet, was er tun oder lassen will. Er läßt sich nicht durch Bindungen knebeln oder fesseln.

Erfolgreiche Partnerschaftskonzepte sind einmalig

Vielmehr ist hier echte, zeitgemäße und zukunftsorientierte Partnerschaft gefordert, die für alle Beteiligten zu einem meßbaren Erfolg führt. Es kommt dabei in erster Linie auf eine leistungs- und gegenleistungsorientierte, aber auch transparente und marktverträgliche Gestaltung an.

Hinzu kommt, daß nur strategisch sinnvoll eingebettete Aktivitäten mit einer unverwechselbaren Identität im Wettkampf um den Kunden heute und insbesondere morgen noch bleibende Eindrücke hinterlassen. Das Angebot von Kundenclubs beispielsweise ist inzwischen sehr vielseitig geworden. Die Palette reicht von speziellen Clubrabatten beim Einkauf von Gebrauchsgütern und Dienstleistungen bis hin zu festen Geschäftsverträgen, ähnlich der bekannten Franchise-Modelle.

Hier der Zielgruppe nur zu sagen, daß man anders ist als die anderen, reicht gewöhnlich nicht aus, um die Einmaligkeit seiner Bemühungen bei der Komplexität der Kommunikation im sogenannten klassischen Vertriebsweg ausdrücklich zu unterstreichen.

Nur Konzepte mit eigener, unverwechselbarer Identität, die engagiert und professionell dem Wandel der Bedürfnisse der Partner nachkommen, haben heute eine Chance, länger als eine Verkaufsförderungsperiode zu überleben.

Zielgruppenmarketing und konsequente Kundenorientierung

Ziel ist es, die quantitative Marktführerschaft, die sich insbesondere auf Produkt und Service stützt, durch zeitgemäße und nachfragestrukturorientierte, eher qualitative Leistungskomponenten abzusichern. Kundenorientierung steht dabei im Mittelpunkt. Außerdem eine professionelle Kommunikation in Richtung auf identifizierte Zielgruppen – unterstützt durch flächendeckende, spezialisierte Außendienstprofis. Weitere Ziele sind die Positionierung der Marke und entsprechende Erfordernisse, sich den schnell wachsenden und segmentierenden Märkten angepaßt weiterzuentwickeln. Ziel sollte dabei ein doppeltes sein: die sich bietenden vielfältigen Chancen besser zu nutzen und den Marktpartnern bei der Bewältigung ihrer Probleme wirksam zu helfen. Zum besseren Verständnis ist es allerdings erforderlich, nach einem Blick in unsere Marktstruktur auch einen Abstecher in die Produktwelt von GROHE zu machen:

Die Nachfrage nach Badausstattungsprodukten ist in den vergangenen Jahren weit stärker gewachsen als der private Verbrauch insgesamt. Zu den Ursachen gehören grundlegende Veränderungen der Einstellung zum Bad. Lange Zeit als „Naßzelle" definiert, wird es zunehmend zum Vorzeigeobjekt gehobener Wohn- und Lebenskultur. Der wachsende Stellenwert des Bades führt zu einer erhöhten Ausgabenbereitschaft sowie zur Differenzierung der Nachfrage nach Badausstattungsprodukten. Bei einem Blick auf den Verbraucheranspruch wird deutlich, daß die Kaufentscheidung in erster Linie von der Produktleistung abhängt. Neben designorientierten Armaturenlinien für exclusive Bäder gibt es genauso ausgeprägte und eher funktionelle Ansprüche, wie auch Armaturen, die mit speziellen Bedienhilfen äußerst differenzierte Produktnutzen schaffen.

Daraus ergibt sich Raum für eine Vielzahl von Formen, Funktionen, Farben und Ausstattungen sowie eine breit aufgefächerte Preisskala.

In den vergangenen Jahren ist dadurch eine kaum noch überschaubare Ausweitung des Produktangebotes zu verzeichnen. Dies bringt für alle Marktbeteiligten erhebliche Probleme mit sich: Logistik, Lagerhaltung, Kundeninformation und Ersatzteilversorgung führen nicht nur bei der Industrie, sondern auch bei Handel und Handwerk zu immer größeren Anforderungen.

Heute sind von Herstellerseite intelligente Hilfestellungen für alle Marktpartner gefordert, um Zukunftsprobleme verantwortungsbewußt und gemeinsam zu meistern: Der Großhandel ist vor allem an einer überschaubaren Produktpalette, einer engen logistischen Vernetzung sowie am Ausbau von Serviceleistungen wie Schulungen und Marktinformationen interessiert. Weitere Kooperationsfelder auf dem Gebiet moderner Datenverarbeitung gehören schon lange zum Tagesgeschäft.

Das Handwerk erwartet inzwischen mehr als eine attraktive Produktpalette und die Unterstützung durch den Hersteller-Kundendienst oder durch Schulungsangebote. Zunehmend wichtig werden Hilfestellungen, mit denen es beispielsweise dem Nachwuchsmangel begegnen kann, Kapazitätsengpässe und Lohnkostendruck auffangen sowie sich der Konkurrenz der Baumärkte erwehren kann.

Der Verbraucher muß richtig und gezielt informiert werden

Beim Verbraucher haben Marktforschungsanalysen ergeben, daß von einer eher geringen Marktkenntnis ausgegangen werden muß. Das Markenbewußtsein ist in diesem Produktfeld vergleichsweise durchschnittlich ausgeprägt; es kommt nicht selten zu Verwechslungen. Im übrigen fällt der Verbraucher seine Kaufentscheidung auf Grundlage bekannter Kriterien: optische Erscheinung, Funktionalität und Preis.

GROHE hat in Deutschland bei Sanitärarmaturen mit Abstand die größte Markenbekanntheit – allerdings auf einem Niveau, das langfristig zur Bildung stabiler Markenpräferenz nicht ausreicht. Das Unternehmen ist für ein sehr breit gefächertes Sortiment bekannt. Dies gilt für alle Produktarten von der alltäglichen Armatur für Bad und Küche bis hin zu Spezialarmaturen für Krankenhäuser und Arztpraxen. Das trifft auch auf das Preisspektrum innerhalb der einzelnen Anwendungsbereiche zu. Weitere Merkmale, die GROHE im Markt sowohl von Absatzmittlern als auch von Verbrauchern zugeordnet werden, sind:

- hochwertige, zuverlässige Produkte,

- mittleres und oberes Preissegment,

- ansprechendes, aber unauffälliges Design,

- gute Ersatzteilversorgung und flächendeckender Kundendienst.

Nach diesem kurzen Ausflug in die GROHE-Welt von Bad und Küche hier die wesentlichen Merkmale einer langfristig angelegten Zielausrichtung zur Marktbearbeitung der Zielgruppen im klassischen Vertriebsweg:

- Stabiles Wachstum über dem Marktverlauf unter Berücksichtigung der Polarisierung der Nachfragestruktur im Sortiments- und Distributionsgefüge.

- Durchsetzen eines neuen Marktauftritts zur besseren Profilierung der Marke. Dies nicht nur durch ein zeitgemäßes Werbekonzept, sondern insbesondere durch gezielte Kommunikation auf allen Ebenen, wie bei Schulungen, Außendienst- und Verkaufsförderungstätigkeit mit allen Marktpartnern.

- Dabei liegt uns die Festigung der Beziehung zu den Marktpartnern ganz besonders am Herzen. Durch gezielte Dialoge und Erfahrungsaustausch über vergangene Aktivitäten und zukünftige Programme soll dies gesichert werden.

Die oben genannten Ziele eröffnen eine Vielzahl von Themen, wovon in diesem Beitrag allerdings nur einige behandelt werden können.

Warum ist beste Kundenorientierung heute und vor allen Dingen morgen entscheidend für den Erfolg?

Einmaligkeit schafft Attraktivität

Der unmittelbare Geschäftspartner für die Industrie ist, wie auch in anderen Branchen, der Fachgroßhändler. Zur Sicherung seiner Funktionsechtheit beansprucht der deutsche Sanitär-Fachgroßhändler Freiheit im Hinblick auf seine Lieferantenauswahl, Sortimentsgestaltung und die Preisführung. Diese „Gesetzmäßigkeit" birgt für die Markenartikelindustrie sowohl Chancen als auch Risiken. Die Chancen für die Industrie liegen in der marktgerechten Regulativfunktion des Großhandelspartners, die vor dem Hintergrund der „Gesetzmäßigkeit" eher pro oder eher contra ausfallen kann. Ein Risiko besteht insbesondere darin, daß der Großhandel eine Produktlinie mit einer Preisposition versieht, die nicht der Marketingpositionierung entspricht.

Die Chancen und Risiken sind regional völlig unterschiedlich ausgeprägt. In der einen Region Deutschlands ist ein Produkt der Hauptträger des Geschäfts, in einer anderen Region ist dasselbe Produkt vergleichsweise „unverkäuflich" – und paßt nicht in die Landschaft.

Einmaligkeit durch intelligente Hilfestellungen für den Partner
Bei vergleichsweise hoher Produktqualität aller A-Marken in Deutschland schafft der persönliche Vertriebsservice Attraktivität für den Partner. Diese Attraktivität kann das Geschäft besonders dann fördern, wenn es sich um intelligente Hilfestellungen für die alltägliche Problembewältigung des Partners handelt. Es müssen Vorteile erkennbar sein, die der Ausstellungsverkäufer beispielsweise in einem Kundengespräch heranziehen kann, um zu einem Geschäftsabschluß zu kommen. Das klingt so selbstverständlich, aber nur davon auszugehen, daß die Qualität der eigenen Pro-

dukte und Dienstleistung „gut" ist, reicht nicht. In der Konsumgüterindustrie z. B. hat die qualifizierte Differenzierung von Marken zu Handelsmarken an Deutlichkeit verloren. Das ist einer der wesentlichen Gründe, warum es diesen Industrien in weiten Teilen schwerfällt, Preiserhöhungen, geschweige denn Preispremiums, durchzusetzen. Das bedeutet, Qualität darf nicht nur auf das Produkt bezogen sein, wie es beim Beispiel GROHE insbesondere in bezug auf Funktionsgenauigkeit, Dichtigkeit und Oberflächenbeschaffenheit der Fall wäre. Sondern Qualität muß um den persönlichen Vertriebsservice ergänzt werden. Wenn die Vertriebsorganisation diese Aufgabe nicht erfüllen kann, wird zu schnell über Preise und Konditionen gesprochen.

Einmaligkeit durch Abgrenzung vom Wettbewerb
Die Vielzahl von Produkten mit gleichem Nutzen und ansprechendem Design bei hoher Qualität erfordert Einmaligkeit zur Abgrenzung vom Wettbewerb. Diese Arbeit ist außerordentlich anspruchsvoll und schwierig, da eine Differenzierbarkeit im Umfeld professioneller Anbieter die Aufnahmebereitschaft der Kunden oft überfordert. Somit ist die Einmaligkeit nicht nur durch eine Summe attraktiver Bausteine zu kennzeichnen, sondern ebenso durch leichte Verständlichkeit und Klarheit in der Durchführung.

Einmaligkeit schafft Attraktivität und damit Unaustauschbarkeit, die in mehrstufigen Vertriebssystemen bei hohem Wettbewerbsdruck, u. a. von Handelsmarken, lebensnotwendig für Zukunftssicherung und Wachstum der Marke ist.

Zielgruppen und Nachfragestruktur im Wandel

Es ist wichtig, nicht nur die Entwicklung der Nachfragestruktur zu kennen, sondern auch die Zielgruppen in ihrer Einzigartigkeit zu berücksichtigen und zu akzeptieren. Die bereits angeführten Interessenlagen erfordern unterschiedlich orientierte Hilfestellungen bei der Geschäftsbewältigung. So ist bei der Frage der Großhandelsbetreuung eine reibungslose Logistik mit unterschiedlichen Gebindegrößen beispielsweise ein intelligenter und zeitgemäßer Ansatz. Hinzu kommt die kontinuierliche Information über Marktforschungserkenntnisse, damit alle Teilnehmer von möglichst realistischen wirtschaftlichen Rahmenbedingungen ausgehen.

Der Handwerksbetrieb hat nach unseren Forschungserkenntnissen insbesondere bei mittleren bis kleinen Größenstrukturen Wettbewerbsnachteile im Hinblick auf Arbeitsvorbereitung und effektive, produktive Stundenabrechnung zu kompensieren. Dies sind nur einige wenige Beispiele, die unterschiedliche Belange der Zielgruppen kennzeichnen sollen.

Zielgruppenmarketing macht sicher
Zielgruppenmarketing ist zudem von Bedeutung, um die Treffsicherheit der Kommunikation zu ermöglichen. Man würde sonst den eher langweiligen und auswechselbaren Ansatz gestalten und beispielsweise nur über seine eigenen Leistungswerte sprechen, ohne den Empfänger dieser Leistungswerte gebührend zu würdigen.

Individuelle Ansprache schafft Vertrauen
Individuelle Ansprache schafft Vertrauen. Vertrauen ist in komplexen Marktgefügen von außerordentlich großer Bedeutung. Diese Arbeit wird insbesondere durch die jeweiligen Vertriebsaußendienste realisiert, die durch die Betreuung von Großhändlern, Handwerkern, Architekten, Planern, Hotelbetreibern, Investoren und anderen Entscheidern das Vertrauen in Marke und Produkt nebst Service permanent fördern und sichern.

Professionell dem Handel begegnen
Nur der persönliche Dialog kann den Wandel der Bedürfnisstruktur im Zeitablauf identifizieren. Hier ist Ehrlichkeit die beste Grundlage für das treffsichere Fortkommen aller Beteiligten. Professionell ist der Einsatz von zielgruppenspezifischen Experten – damit man kompetent und vertraut „eine Sprache" spricht.

Spezialisten sind gefragt

Um das Ziel des Zielgruppenmarketing mit konsequenter Kundenorientierung zu verwirklichen, ist häufig ein völlig neuer Aufbau der Organisation erforderlich. Diese Neupositionierung und der damit einhergehende Umbruch in der Vertriebsorganisation sind nur über das dringliche Erfordernis für eine Neuorganisation glaubhaft zu begründen.

Neben dem Sichern der Qualitätsleistung und der Vielfalt bei der Problembewältigung ist Auslöser das gestiegene Anforderungsprofil der Marktpartner. Die Industrie muß ergänzende Aufgaben übernehmen, die das klassische Liefern und Verfügbarhalten von Produkten von hoher Güte und Qualität übersteigen. Hier meine ich nicht nur After-Sales-Service und Ausbildung der Marktpartner, sondern auch Werbung und Kommunikation in Richtung auf den Endverbraucher, die den hohen Sanitärstandard des klassischen Vertriebsweges sichern und dokumentieren sollen.

Was bedeutet das für den Außendienst?
Für die unterschiedlichen und bereits häufig benannten Zielgruppen sind Spezialisten erforderlich. Der Bezirksreisende, der gelegentlich zum Kaffeetrinken vorbeikommt und den regionalen Branchentratsch behandelt, ist heute nicht mehr gefragt. Kürzere Besuche durch effiziente Ausnutzung der Arbeitszeit erfordern professionelle Vorgehensweise bei allen Beteiligten. Da liegt es auf der Hand, daß der Vertraute ein Spezialist sein muß, mit dem man kompetent und zielsicher die tägliche Arbeit behandeln kann. Die Führung dieser Spezialisten kann nur ergebnisorientiert gesichert werden, wenn die verantwortlichen Vertriebsleiter mit einem Handlungsspielraum und Kompetenzen ausgestattet sind, die flexibles Reagieren und phantasievolles Gestalten vor Ort ermöglichen.

Flächendeckende Ausdehnung der Vertriebsmannschaft ist zudem ausschlaggebend für den kontinuierlichen Aufbau tragfähiger Kundenbeziehungen.

Durch Einmaligkeit schafft man Attraktivität im Umgang mit seinen Zielgruppen und der sich permanent ändernden Nachfragestruktur. Spezialisten führen gut ausgebildet und kommunikativ den Änderungsprozeß durch.

Beispiele aus einem Neupositionierungsprozeß

Marketing für die Zielgruppen – Partnerkonzepte

Als Industrie-Unternehmen im Sanitärgeschäft hat man es mit unterschiedlichen Zielgruppen zu tun:

Zunächst ist da der *Endverbraucher*, der durch das Sanitärfachhandwerk betreut wird. Der Endverbraucher kann aber auch eine Wohnungsgesellschaft sein, ein Hotel, ein Industriebetrieb oder der öffentliche Wirtschafts- oder Wohnungsbau. Aus dieser Vielfalt leitet sich auch eine sehr differenzierte Aufgabenstellung für das Handwerk ab. Hier sind nicht nur Wartungsarbeiten, sondern insbesondere Ersatz- und Renovierungsarbeiten zu leisten. Aber auch das Neubaugeschäft spielt eine nicht unbedeutende Rolle und macht z. B. bei Sanitärarmaturen einen Umfang von ca. 15 Prozent aus. Über 65 Prozent aller Sanitärarmaturen werden allerdings im Rahmen von Renovierungs- und Wartungsprojekten eingebaut.

Eine weitere Zielgruppe ist der *Sanitär-Fachgroßhandel*. Der „funktionsechte" Fachgroßhandel konzentriert sich auf Warenversorgung und Logistik sowie im Rahmen seiner Marketingfunktion auf das Bereitstellen aktueller, innovativer Technologie. In Deutschland gibt es ca. 1000 Fachgroßhändler, die zum überwiegenden Teil über eine sehr ausgedehnte Bad- und Küchenausstellung verfügen. Hier werden aktuelle Designs und moderne Technologien in Anwendungsmilieus präsentiert und mehrfach im Jahr aktualisiert. Diese Ausstellungen werden sowohl für Endverbraucher als auch für Handwerker bereitgehalten.

Für diese drei Hauptzielgruppen werden spezifische Konzepte entworfen, die für alle am Geschäft beteiligten Partner Erfolg versprechen.

Jahresschwerpunktaktionen für den Endbenutzer
Im Rahmen dieser Jahresschwerpunktaktionen werden in der Re-

gel aktuelle Themen aufgegriffen, die unsere Produktleistungsfähigkeit herausstellen und für den Endbenutzer von besonderer Attraktivität sind.

Diese Aktivitäten sind in ihrer kommunikativen Vorbereitung außerordentlich komplex, da nicht nur das Handwerk über die Fachmedien mit dem Inhalt und der Mechanik vertraut gemacht werden müssen, sondern auch der Großhandel nach entsprechender Information und Akzeptanz der Teilnehmervoraussetzungen von der Bevorratung der beworbenen Produkte überzeugt werden muß.

Alles in allem dauert die Vorbereitung aller Partner mit den klassischen Kommunikationsmitteln im mehrstufigen Vertriebsweg bis zu vier Monaten.

Bislang haben bei GROHE vier Jahresschwerpunktaktionen stattgefunden. Darunter war u. a. die „Umweltaktion", während der das aktuelle Thema „Wasser- und Energiesparen" beim Endverbraucher deutlich gemacht wurde durch Anzeigenkampagnen in Breitentiteln und Botschaften in den Fachgeschäften des Handwerks und in den Fachgroßhandelsausstellungen.

Diese Jahresschwerpunktaktion war außerordentlich erfolgreich, da sie nicht nur ein aktuelles Thema behandelte, sondern auch eine neue Mechanik ins Spiel brachte, nämlich eine materielle Belohnung des Endverbrauchers.

Wie eingangs berichtet, sind für derartige Schwerpunktaktionen vier Monate Vorbereitungszeit erforderlich. Zeit für alle Kritiker, Wettbewerber und Traditionalisten, ausreichend Argumente zu sammeln, um gegen diese neue, durchaus zeitgemäße Aktionsmechanik anzugehen. Einige Sanitärfachgroßhändler und Handwerker waren insbesondere wegen der „materiellen Zuwendung" dem Endverbraucher gegenüber im Sprung über alle bekannten Strukturen außerordentlich kritisch eingestellt.

Andere störten sich daran, daß Kundenadressen gesammelt werden könnten, oder daß man von dieser Aktion „nur" etwas mehr

Umsatz erwarten könne, aber unverhältnismäßig viel Verwirrung.

Da es uns nicht auf die Durchsetzung einer neuen Mechanik ankam, sondern insbesondere auf die Einmaligkeit und die frühzeitige Themenbesetzung bei der Umweltverträglichkeitsdiskussion im Zusammenhang mit Sanitärarmaturen, haben wir die Aktion dann, und hier kommt ein Vorteil der langen Vorbereitungszeit zum Ausdruck, verträglich angepaßt. Für eine materielle Zuwendung stand am Ende eine attraktive Verlosung unter den Einsendern.

Das Ziel dieser Aktion war voll erreicht, jedoch haben diese unerwarteten Ereignisse im Zusammenhang mit der Akzeptanz der Aktionsmechanik zu Unruhe geführt. Mir hat dieses Erlebnis gezeigt, daß man immer eine Gratwanderung beschreitet, die der „Einmaligkeit" Schwierigkeiten macht: auf der einen Seite darf man keine allzu einschneidenden Überraschungen liefern, die den normalen Betriebsablauf „stören" könnten. Auf der anderen Seite soll alles, was man tut, doch eine gewisse Originalität haben, so daß man die Attraktivität der Aktion zu seinem Vorteil nutzen kann. Hinzu kommt, daß man seinen Partnern Zeit zum „Lernen" geben muß. Gute Information zwischen allen Beteiligten ist dabei ausschlaggebend.

Positiv sind diese Aktionen in jedem Fall trotz ihrer Komplexität und manchmal schwierigen Kommunikation, denn sie stellen eine intelligente Klammer zwischen den Zielgruppen unseres Geschäftes dar.

Der GROHE Profi Club für das Sanitärfachhandwerk
Dieser Partner-Club verfügt über eine eigene Identität und ist einmalig in Deutschland. Das Prinzip ist Leistung und Gegenleistung, wobei die Leistung verschiedene Aktionen sind, die das Sanitärfachhandwerk für GROHE erbringt, wie z. B. Ladendisplays oder Teilnahme an den zuvor genannten Jahresschwerpunktaktionen oder Durchführung von Trainings und Werkstattschulungen mit Produkten oder das Gestalten eines attraktiven Schaufensters bei Vorhandensein eines Ladengeschäftes. Als Gegenleistung haben

wir Standardleistungen in Form verschiedenster Beratungs- und Unterstützungsangebote durch das Club-Service-Büro, aber auch exclusive Erlebnisse, die man normalerweise nicht kaufen kann, wie das Zusammentreffen mit prominenten Sportlern oder das Teilnehmen an exclusiven Kultur- bzw. Sportereignissen.

Der Club war sofort ein voller Erfolg und hat bis heute nach seiner Gründung 1993 1 000 Mitglieder. Ein unerwartetes Erlebnis hatten wir allerdings bei einer Teilnehmerschaft unseres Marktes, die sich eigentlich über unsere Arbeit freuen müßte. Die Kritiker sahen den Profi Club als Konkurrenz zu ihrer eigenen Arbeit und unternahmen, was sie konnten, um uns die Arbeit schwer zu machen. Erst viele Gespräche und vernünftige Informationen, konnten dazu führen, daß wir eine „friedliche Koexistenz"praktizieren.

Man sieht, daß auch hier der Weg zur Einmaligkeit auf Widerstand stößt, den man auf Anhieb nicht erwartet. Ich habe daraus gelernt, daß auch höchst attraktive, mit großem finanziellem Einsatz entwickelte Konzepte „politisch" vorbereitet werden müssen.

Markenpromotion in den Ausstellungen des Fachgroßhandels
Promotions in diesem Zusammenhang eignen sich in erster Linie für Produktneueinführungen. Attraktive Verkaufsförderungspakete führen dabei nicht nur dazu, daß einzelne Produktlinien besonders berücksichtigt werden, sondern auch dazu, daß die Großhandelsausstellungen an sich attraktiver werden. Die Ausstellungsleiter sind in der Regel sehr dankbar dafür, daß man sie bei ihrer vertrieblichen Aufgabe unterstützt. Dies erstreckt sich nicht nur auf Ankündigungen im Radio oder auf Zeitungsanzeigen oder Handzettel, sondern es beinhaltet sehr oft Fachberater der Industrie, die am Aktionstag dann vor Ort sind und den Endverbraucher oder den Handwerker über das Produktprogramm ausführlich informieren.

*Markenartikel als gemeinsame Geschäftsbasis
in mehrstufigen Vertriebswegen*
Dazu fällt mir ein Gespräch mit einem Taxifahrer ein, das ich kürzlich hatte. Irgendwann kamen wir dabei auf Armaturen und Brau-

sen zu sprechen. Der Chauffeur war stinksauer: „Habe ich mir doch vor kurzem so ein billiges Ding im Baumarkt gekauft. Nach dreimaligem Duschen schossen die Wasserstrahlen schon nach allen Seiten. Nie wieder, sag' ich Ihnen. Mir kommen nur noch Qualitätsprodukte ins Haus. Sie sind ihren höheren Preis wert. Das weiß ich jetzt".

Zunächst vernahm ich diese Geschichte mit Wohlgefallen. Dennoch war ich kurze Zeit später etwas verärgert darüber, daß der frustrierte Taxifahrer erst ein Negativerlebnis haben mußte, bevor er die Marken- und damit die Vertriebswegsstärken entdeckte. Und – was noch schlimmer ist: Warum geht es ganzen Verbraucherscharen genauso?

Die langfristige Sicherung des klassischen Vertriebsweges in der Sanitärbranche steht und fällt mit seiner Attraktivität und der Akzeptanz durch den Verbraucher. Markenindustrie und Markenartikel gehören dabei zu den Hauptakteuren. Dies ist im übrigen keine besondere Neuigkeit. Viele Beispiele aus dem Lebensmittelgeschäft oder anderen Verbrauchs- und Gebrauchsartikelbereichen geben dieser Überlegung recht. Denn die Verbraucher wollen Markenartikel, und die Absatzpartner benötigen sie zur eigenen Profilierung in gleichem Maße wie zur Beschaffung vernünftiger Deckungsbeiträge im Geschäft.

Das beruht natürlich zunächst einmal auf der Leistungsvielfalt. Markenartikel bilden stets eine Einheit aus unternehmens- und produktbezogenen Pluspunkten. Denn: Innovative, umweltschützende, ästhetisch-funktionelle, haltbare sowie montagefreundliche Programme mit ausgereifter Technik, gesicherte Ersatzteilversorgung und lange Garantien fallen nicht vom Himmel, sondern sind das Ergebnis jahrelanger Innovationsarbeit und der Überführung ausreichender Kenntnisse aus dem Markt in technische Angebote und Produkte.

Der Mehrwert von Marken schlägt sich für Großhandel und Handwerk zudem im ebenso wichtigen Servicefeld nieder, das von einem dichten Außen- und Kundendienstnetz über umfassende Qualifizierungsangebote in eigens dafür errichteten Akademien und

Technika bis zur vielschichtigen Marketingunterstützung reicht. Darüber hinaus engagieren sich echte Markenproduzenten sehr intensiv mit übergreifender Imagewirkung für das Sanitärgeschäft als ganzes. Schließlich schärfen hohe Investitionen in die eigene Markenpflege „nebenbei" noch das Partnerprofil.

Ungeachtet dessen sind gepflegte, renommierte Marken die Geschäftsbasis in der und für die Sanitärbranche. Wer will, daß das so bleibt, muß ihnen den nötigen Freiraum verschaffen: Bei neuen, unkonventionellen, aber zeitgemäßen und einmaligen Marketingkonzepten. Bei einer verbraucherorientierten Kooperation mit Großhandel und Handwerk im Interesse eines – wie oben häufig gekennzeichneten – attraktiven Vertriebsweges.

Vertrieb mit den Zielgruppen – Mannschaftsgeist

Häufig entwirft man tolle Marketingideen und viele reizvolle Konzepte. Sie haben nur zwei Nachteile: Einerseits sagen Dauerskeptiker und Schwarzmaler, daß diese Art der Kommunikation völlig mißverstanden werden wird und zum anderen gibt es eigentlich in der Organisation nur wenig fachlich vorbereitete Experten, die Marketing- und Verkaufsförderungskonzepte in der Praxis durchführen. Daher muß man sich von der Organisationsstruktur im Vertrieb auf derartige Fragestellungen einrichten, damit das Marketing auch seine Zielgruppen, wie vorher erläutert, erreicht.

Das ist zunächst eine Managementaufgabe: Die Überzeugung der erfahrenen und außerordentlich branchenkundigen Fachleute, von denen viele mitunter bereits über 20 Jahre in der Firma sind. Diese Leute haben schon alles gesehen, und deshalb muß diese Erfahrung gut genutzt werden.

Ein zweites Thema ist eher praktischer Natur: Wer führt die Verkaufsförderung vor Ort durch? Wer übernimmt Präsentationen für Profi Club-Anwerbungen usw.?

Hier haben wir uns entschlossen, eine neue Position einzurichten, nämlich einen Marketing-Service-Mitarbeiter. Diese Funktion soll durchgängig und kontinuierlich dafür sorgen, daß Marketingkonzepte auch in der Praxis professionell beim Kunden umgesetzt werden. Zudem ist sie Hilfestellung für den Vertrieb und das Fachberatungspersonal. Hier besteht eine sehr intensive fachliche Verknüpfung mit der Marketing-Zentrale im Innendienst. Mit dieser Organisation sind wir in der Sanitärbranche einmalig.

Führung mit Handlungsspielraum
Ein weiterer Bestandteil für Kundenorientierung sind die Entscheidungsfreiheit und ein ausgeprägter Handlungskorridor für Vertriebsleiter, die die vertrieblichen Aktivitäten vor Ort in der Region verantwortlich führen. Dazu gehört die phantasievolle Ausgestaltung bestimmter Großhandelsveranstaltungen ebenso wie das organisatorische Lösen von Spezialproblemen. Als Beispiel dafür habe ich in Erinnerung die Errichtung unserer Niederlassung Ost in Berlin.

Durch die Fülle an Informationen, die unsere Geschäftspartner in den neuen fünf Ländern benötigt, waren die Telefon- und Faxleitungen pausenlos belegt. Dies wurde von unseren Geschäftspartnern kritisiert. Hier war der Einfallsreichtum aller Mitarbeiter der Niederlassung erforderlich, um diesen Schwachstellen konstruktiv und initiativ zu begegnen.

Zielgruppen kooperativ erschließen
Am Ende sind es auch betriebsübergreifende Marketingaktivitäten und Vertriebskooperationen, die zu einer Erschließung neuer Märkte von großer Bedeutung sind. Insbesondere in der Sanitärbranche, in der eine große Anzahl von Gesprächspartnern über die Ausstattung von Badezimmern in öffentlichen, privaten oder Wirtschaftsbauten entscheidet. Die Vielfalt der Zielgruppen erfordert eine Fülle von differenzierten Kommunikationsansätzen für die Fachberatung. Darauf muß sich jede Vertriebsorganisation individuell einrichten.

Risikoreicher Aktionismus versus Kontinuität und Beständigkeit

Angesichts der Chancen und Risiken auf dem Weg zu einer kompromißlosen Kundenorientierung drängt sich die Frage auf, ob das nicht auch ein wenig leichter ginge – kann man nicht mit einfacheren Mitteln und Methoden das gleiche Ziel erreichen?

Antwort: Ja, aber dann dauert es länger. Vielleicht ist es dann auch „verträglicher" angesichts der unerwarteten Erlebnisse, die sich im Laufe der Durchführungskonzeption einstellten. Häufig war es aber lediglich ein Problem der Kommunikation.

Und damit sind wir bei dem Kern der Begründung für die breite Zielgruppenarbeit und den nützlichen Erfahrungen für die zukünftige Arbeit:

- Die Veränderungen beginnen – wie immer – im Kopf. Im Kopf unserer Kunden und im Kopf der Mitarbeiter, die alle Arbeiten durchführen. Diese Vorbereitung benötigt in erster Linie Zeit und kontinuierliche Führungsarbeit.

- Logistische Probleme und immer wieder neu auf den Markt drängende Industriefirmen machen es dem Fachgroßhandel häufig schwer, sich in der üblichen Breite den großen Marken Deutschlands ausschließlich zuzuwenden. Mit dem Wachstum und der Komplexität in den logistischen Herausforderungen schwindet die Möglichkeit der problemfreien, einfachen Produktprogramm- und Umsatzausweitung. Deshalb ist der Schlüssel zum Erfolg die Einmaligkeit jeder Initiative und das Vertrauen der Akteure untereinander.

- Die Komplexität der Vertriebsstruktur mit der Fülle der Teilnehmer erfordert parallele, umfassende Information. Diese Information durchzutragen, ist nicht immer einfach. Hier ist Disziplin und Präzision gefordert sowie laufende Anpassung an den Erwartungshorizont der Partner und Gegner im Markt.

- Auf der anderen Seite wird die Notwendigkeit von Einmaligkeit durch die Marktvoraussetzungen begründet: Das Angebot wächst, der Wettbewerb wird härter. Bei stagnierenden Märkten ist die Auseinandersetzung programmiert. Dies ist allerdings von Vorteil zur Sicherung des hohen „Sanitärstandards" in Deutschland.

- Der Verbraucher wird anspruchsvoller und ist besser informiert. Hier muß eine differenzierte attraktive Markenstrategie realisiert werden, die durch Einmaligkeit überzeugt.

- Als große Marke muß man immer einen 20- oder 50-DM-Unterschied erklären. Die Berechtigung dafür ist nur dann gegeben, wenn der klassische Vertriebsweg deutlich attraktiver ist als andere Märkte im inner- und außerdeutschen Wirtschaftsbereich. Anderenfalls werden früher oder später die Preis- und Distributionsprofile neu geordnet.

Fundament – Dynamik – Kontinuität

Beim Blick auf den Ausschnitt einer Neupositionierungsarbeit wird deutlich, was für die zukünftige Gestaltung von Bedeutung sein wird:

Fundament
Nicht nur der Teamgeist im Vertrieb mit ehrlichen Umgangsformen und einem großen Maß an Vertrauen stellt ein gesundes, ausbaufähiges Fundament dar, sondern auch die Produkte. Hohe Güte und Qualität, perfekte Logistik und ein innovatives Potential ermöglichen die zweite wesentliche Säule eines gesunden Fundamentes. Ein drittes Merkmal ist vertriebswegspezifisch: die Bereitschaft zum Dialog.

Dynamik
Die Dynamik des Prozesses wird durch realisierbare und attraktive Ziele ins System eingebracht. Dabei spielt die Entwicklung

des Bekanntheitsgrades der Marke eine ebenso große Rolle wie das Streben nach Unabhängigkeit. Für beides ist die Einmaligkeit unverzichtbar. Hinzu kommt die Lust auf Veränderungen und der Spaß an neuer Gestaltung, d. h. Menschen und Organisationen müssen in einem Geist verkettet werden.

Kontinuität
Die Sicherstellung der Stabilität dieses hohen Leistungsanforderungsprofils ist gleichzeitig der hohe Anspruch der Managementaufgabe. Das liegt insbesondere daran, daß die Sanitärbranche eine sehr entwicklungsfähige, aber andererseits auch konservative Struktur aufweist. Hier werden Neuerungen zunächst oft sehr skeptisch beurteilt, aber dann bei Bewährung auf lange Zeit akzeptiert.

Wer keine neuen Wege geht, sondern in den Fußstapfen anderer wandelt, hinterläßt keine bleibenden Eindrücke

Aus der Analyse unserer Marktentwicklung und der Verhaltensstruktur der Marktteilnehmer leiten sich daher die Kriterien ab, die am Ende die wichtigen Anforderungen an ein mittel- und langfristig erfolgreiches Marketing- und Vertriebskonzept umreißen.

- Kompromißlose Kundenorientierung mit fachlich kompetenter und flächendeckender Betreuung aller Marktteilnehmer.

- Das Profil der Marke bei den Marktpartnern vor allem klar und unverwechselbar und damit nicht austauschbar und einmalig konturieren.

- Die Markenbekanntheit bei Verbrauchern erhöhen.

- Das Produktprogramm bedarfsgerecht auszubauen und den Verbrauchern Orientierungshilfe geben.

- Allen Marktpartnern Hilfestellung bei der Bewältigung ihrer Zukunftsprobleme gezielt zuteil werden lassen und damit den Dialog zwischen den Partnern optimieren.

Diese sehr komplexe Aufgabe wurde in den letzten beiden Jahren umgesetzt. Die Plausibilität dieser neuen Marktbearbeitungsstruktur und des neuen Markenauftritts und die zügige Durchführung zahlreicher begleitender Maßnahmen haben innerhalb kürzester Zeit die Richtigkeit der Konzeption bestätigt. Auch die Reaktionen aus Handel und Handwerk ermutigen per Saldo zur konsequenten Fortsetzung des begonnenen Weges. Hohe zweistellige Umsatzzuwächse sprechen für sich. Und schließlich ist auch die spürbar gestiegene Motivation der eigenen Mitarbeiter Bestätigung und Ansporn zugleich.

Anmerkung:

1) Der GROHE Profi Club ist 1993 von GROHE ins Leben gerufen worden und richtet sich an Sanitär-Heizung-Klima-Installationsbetriebe. Mit der Mitgliedschaft (Jahresbeitrag 240 DM) hat der Handwerksunternehmer einerseits die Möglichkeit, sich durch Club-Experten in allgemeinen Fragen der Betriebsführung beraten zu lassen. Hier stehen Marketing- und Vertriebsfragen im Vordergrund.
Zusätzlich kann er durch Teilnahme an der GROHE Ausbildung (Werkstattschulung) und Verkaufsaktionen Punkte erwerben, die er dann im Rahmen eines Incentive-Paketes für seinen Betrieb nutzen kann. Per 31.12.1994 1 000 Mitglieder. Die Betreuung der Mitglieder erfolgt durch den GROHE Außendienst.

Innovation – Zauberformel oder Knochenarbeit

Reinhard Gereth

Wer von Ihnen kennt Bill Shockley? Vermutlich wenige! Welche Assoziationen verbinden Sie mit der Marke Intel? Vermutlich viele – auch mit Bill Shockley? Tatsache ist, daß es mit an Sicherheit grenzender Wahrscheinlichkeit die erfolgreiche Chip-Firma Intel in Amerika nicht ohne Bill Shockley gäbe. Dieses Statement hat folgenden Hintergrund:

Dr. William Shockley, amerikanischer Staatsbürger und Nobelpreisträger für Physik im Jahre 1956 für die Erfindung des Transistors in den Bell Telephone Laboratories in Murray Hill/New Jersey zusammen mit Brattain und Bardeen, hatte in den 50er Jahren und zu Beginn der 60er Jahre ein Forschungslabor zunächst in Mountain View, dann in Palo Alto/Californien in der Nähe der Stanford Universität. Zu seinen Mitarbeitern zählte in den 50er Jahren ein gewisser Bob Noyce. Er und andere Kollegen hatten damals die Technologie für die Herstellung von planaren Transistoren zusammen mit Bill Shockley erarbeitet.

Diese Technologie war die Voraussetzung für die wirtschaftliche Massenproduktion von Transistoren und einer der wesentlichen Schlüssel für die Integration von Millionen von Einzelkomponenten auf einem Silizium-Chip für die spätere Großintegrationstechnik (Stichwort: VLSI oder Very Large Scale Integration). Das Team von Shockley wollte nun seine Innovation in die Tat umsetzen. Die Forscher teilten ihren Wunsch ihrem Chef mit. Der aber wandte sich angewidert ab und erklärte: „Ich möchte unbedingt das Schaltverhalten von Vierschichtdioden verstehen, welche die zukünftige Kommunikationstechnik innovativer machen werden!" Die Antwort seiner meuternden Crew: „Well, Bill, erforsche Du die Physik Deiner innovativen Schaltdiode, wir produzieren Planartransistoren!" Gesagt, getan.

Das Ergebnis: Shockley, der genialste Festkörperphysiker, den ich kennengelernt habe, und Vater des berühmten Silicon Valley, blieb seinem Innovationsdrang treu und blieb arm wie eine Kirchenmaus. Seine Schüler wurden Multimillionäre. Bob Noyce, den ich schon erwähnte, gründete zusammen mit anderen Fairchild Semiconductors und danach Intel. Bob Noyce wurde CEO von Intel.

Innovative Ideen generieren

Innovationsfähigkeit ist mehr als Erfindergeist. Innovationsprozesse fördern, heißt innovative Ideen generieren, ein innovatives Umfeld schaffen, innovative Ideen vermarkten und ein innovatives, unternehmerisches Verhalten fördern.

In allen Lebensbereichen werden wir von „Neuheiten" überschüttet. Der neue Zeitgeist, neue zwischenmenschliche Beziehungen, neue Produkte, neue Märkte, neue Urlaubsparadiese – kurz: ein neues Umfeld. Wir haben uns daran gewöhnt, im privaten wie im beruflichen Bereich. Wir freuen uns, wenn wir persönlich mit zur Neuerung beigetragen haben. Wir verfolgen mit Erstaunen und Begeisterung die Leistungen anderer. Die Meßlatte für die Beurteilung des Neuen sind seine Akzeptanz, die allgemeine Bestätigung des damit verbundenen Fortschritts und die Möglichkeit, über den Istzustand hinauszuwachsen. Im Bereich der freien Marktwirtschaft sind Neuerungen die Basis für die Absicherung von Arbeitsplätzen und das Überleben des Unternehmens im internationalen Wettbewerb. Heute und morgen sind Neuerungen Motor und Anreiz zugleich.

Neuerungen in einem Unternehmen tragen verschiedene Namen: neue Organisationsformen, neue Projekte, neue Produkte, neue Vertriebswege, neue Kunden, neue Märkte usw. Hinter all diesen Neuerungen stehen aber schöpferische Leistungen vieler Mitarbeiter, die im täglichen Alltag oder im Rampenlicht Neuerungen erst möglich machen. Manche Neuerungen entstehen quasi automatisch, andere durch Zufall, wieder andere durch kreative Quantensprünge.

Auf eine einfache mathematische Formel gebracht, läßt sich der Erfolg durch das Produkt aus Begabung x Fleiß darstellen. Beides ist erforderlich. Mit Fleiß und gutem Willen allein entsteht keine Neuerung auf Knopfdruck. Aber auch der genialste Guru ist kein Garant für den Erfolg. Es ist ein Irrglaube, daß eine Neuerung vom Himmel fällt wie in biblischen Zeiten das Manna in der Wüste.

Atemberaubende Beispiele der letzten Jahrzehnte

Schlagwort Mikroelektronik oder Systemlösungen in Halbleitertechnik

Der Transistor wurde 1947 entdeckt. Eine kleine Aktennotiz aus den bereits anfangs erwähnten Bell-Laboratorien am 1. Juli 1948 in der New York Times ließ die Börsianer völlig unberührt ihrer Routine nachgehen. 1952 teilte Bell Telephone Laboratories in Murray Hill der Welt Details mit und gab die Neuerung zur allgemeinen Verwertung und Vermarktung frei. Diese Entscheidung des Bell Managements war ein genauso wichtiger Beitrag für die Innovation der Mikroelektronik wie die Begeisterungsfähigkeit junger Techniker und Unternehmer, welche die neue Halbleitertechnik nach vorn trieben. Nicht die etablierten Elektronikkonzerne wie RCA, General Electric, Philips, Telefunken oder Siemens erstürmten den Gipfel, sondern die Intels, National Semiconductors oder Texas Instruments, um nur ein paar wenige der Pioniere und der wirklich erfolgreichen Firmen zu nennen.

Natürlich gehört zum Erfolg auch noch ein Quentchen Glück. Glück hatten die Mikroelektroniktechniker auch dadurch, daß der liebe

Gott das Element Silizium erfunden hat und daß er den Menschen erlaubte, dieses Element so chemisch rein darzustellen und physikalisch so ideal aufzubauen, daß selbst auf der atomaren Ebene jedes Atom hübsch säuberlich an dem ihm von der Quantentheorie zugewiesenen Platz sitzt. Ohne das perfekte Silizium gäbe es heute keine Megabit-Euphorie. Ohne dieses Material wäre die Innovation der Mikroelektronik gegen die Wand gelaufen.

Schlagwort Medizin

Konnte man vielleicht noch die weltweiten Arbeiten im Bereich der Mikroelektronik als klassische Knochenarbeit abtun, dann kommen die Erfolge in der Medizin schon näher an den Begriff Zauberei. Warum ist Aspirin ein Allheilmittel gegen Kopfschmerzen, Blutgerinnung oder Erkältungskrankheiten? Warum gibt es umgekehrt noch kein schlagkräftiges Mittel gegen die Geisel des Krebses oder die Schatten von Aids.

Wir sind häufig geneigt, Fortschritt und Innovation nur im Forschungs- und Entwicklungsbereich im weiteren Sinne zu suchen. Innovation muß aber in jedem Bereich eines Unternehmens stattfinden. Sie ist also keineswegs beschränkt auf den Nutzen, den der Kunde aus einem innovativen Produkt oder einer innovativen Problemlösung zieht. Innovative Lösungen braucht man auch dringend im Verwaltungsbereich. Sie können sich auf Abwicklungsfragen ebenso beziehen wie auf Verfahren der Information, der Prozeßsteuerung und der Fertigung.

Das Ziel heißt Innovationsfähigkeit

Eine Förderung der Innovationskraft ist daher mehr als eine Intensivierung des klassischen betrieblichen Vorschlagswesens. Der Ansatz muß umfassender sein. Es gilt, das gesamte Unternehmen auf das Ziel der Innovationsfähigkeit auszurichten, indem man den Stellenwert der einzelnen Innovation des innovativen Mitarbeiters anhebt.

Innovationsvermögen ist eine Grundveranlagung der Menschen. Veranlagungen müssen gefördert und gefordert werden. Seit Urzeiten haben Menschen durch Innovation das Heute geschaffen und die Basis für das Morgen geprägt. Bisher waren äußere Zeichen für Innovationen in technischen Bereichen Patentanmeldungen und betriebliche Verbesserungsvorschläge. Dafür gab es vorbereitete Definitionen, Abläufe, Informationswege und last but not least finanzielle Vergütungen.

Natürlich sind Patente und Verbesserungsvorschläge die herausragenden Pfeiler der immerwährenden Verbesserung der Unternehmenskultur und Wettbewerbsfähigkeit. Es gibt aber viele innovative Denkanstöße und Ausführungsformen in welchen Unternehmensbereichen auch immer, die manchmal im Tagesgeschäft untergehen, ohne die aber der langfristige Fortschritt nicht möglich wäre. Natürlich stehen diese innovativen Detailschritte in Ergänzung zu epochemachenden Nobelpreisen. Aber was bestimmt schon das Leben zu Hause und in einem Wirtschaftsunternehmen? Sternstunden sind erforderlich, Quantensprünge rütteln auf – aber Detailarbeit schafft Variation und Fortschritt im Rahmen des Möglichen, Machbaren und Sichtbaren.

Aber es gehört mehr dazu, vornehmlich eine gute Portion Mut und Optimismus und Stehvermögen. Einer meiner Hochschullehrer, den ich sehr verehre, hat uns jungen Physikern vor vielen Jahren einmal gesagt: „Meine Herren, wenn ich wieder auf die Welt komme, werde ich nicht Physiker, sondern Malermeister". Wir waren erstaunt. Dann fuhr er fort: „Ein Malermeister wird in ein verschmutztes Haus gerufen. Er kommt dort hin, fängt an die Wände zu weißen, die Fenster zu streichen, die Türen auszubessern und nach ein paar Tagen sieht er den Erfolg und den Glanz seiner Arbeit. Wir dagegen, in den technischen Bereichen, sehen häufig den Erfolg unserer Arbeit nie oder erst nach langem, langem Warten".

Neue Wege finden

Hat man also auch Erfolgserlebnisse ohne Innovation? Vordergründig ja, aber auch der zitierte Malermeister muß immer wieder neue Wege finden und ungeöffnete Türen aufstoßen, sonst wird er nicht mehr zu dem Kunden gerufen, sonst gehört er nicht mehr zu den Fachleuten seiner Branche.

In diesem Zusammenhang fällt mir folgende Geschichte ein: Ein König stellte für einen wichtigen, neu zu besetzenden Posten den Hofstaat auf die Probe. Kluge und weise Männer umstanden ihn in Scharen. „Ihr weisen Männer", sprach der König, „ich habe ein Problem und ich möchte sehen, wer von Euch in der Lage ist, dieses Problem zu lösen." Danach führte er die Anwesenden zu einem riesig großen Türschloß, das so groß war, wie es keiner je gesehen hatte. Der König erklärte: „Hier seht Ihr das größte und schwerste Schloß, das es je in meinem Reich gab. Das Öffnen dieses Schlosses erfordert eine gewisse Kunst. Wer von Euch ist in der Lage, das Schloß zu öffnen?"

Ein Teil des Hofstaates schüttelte nur verneinend den Kopf. Einige, die zu den Weisen zählten, schauten sich das Schloß an, gaben aber zu, sie könnten es nicht schaffen. Als die Weisen dies gesagt hatten, schüttelte pflichtgemäß auch der Rest des Hofstaates verneinend den Kopf und gab zu, daß dieses Problem zu schwer sei, als daß sie es lösen könnten. Nur einer ging an das Schloß heran. Er untersuchte es mit Blicken, mit seinen Fingern, versuchte es in den verschiedenen Weisen zu bewegen und zog schließlich mit einem Ruck daran. Und siehe da, das Schloß öffnete sich. Das Schloß war nämlich, wie der König wußte, nicht zugesperrt und es bedurfte nichts weiter als des Mutes und der Bereitschaft, es beherzt anzufassen. Der König sprach: „Du wirst eine wichtige Stelle am Hof erhalten, denn Du verläßt Dich nicht nur auf das, was Du siehst oder hörst, sondern setzt selber Deine eigenen Kräfte ein und wagst eine Probe." Soweit die Geschichte.

Ja, Zupacken und Machen sind entscheidende Säulen für den Fortschritt. Aber, wie immer im Leben, so liegt das Optimum in einer gesunden Symbiose zwischen Denken und Handeln. Ein bekannter theoretischer Physiker an der Frankfurter Universität, Prof. Madelung, hat einmal einen sehr plakativen Satz geprägt: Denken tut weh, basteln nicht! Er wollte damit seinen Schülern klarmachen, daß wir häufig als Menschen geneigt sind, in Aktivismus zu verfallen in der Hoffnung auf Innovation. Zugegebenermaßen benutzen wir gern als Ausrede unseren Aktivismus, ohne uns vorher Gedanken gemacht zu haben, ob der Weg, den wir einschlagen, überhaupt eine Chance hat, zum Erfolg zu führen. Vergessen Sie also bitte nicht: Erst denken, dann arbeiten!

Lassen Sie mich zu dieser Thematik wieder ein paar Beispiele anführen: In der Vererbungslehre sprechen die Experten vom sogenannten „rich environment", das einen positiven Einfluß auf die Verbesserung der Erbanlagen hat. Genauso wirken sich „äußere Faktoren" auf die Nutzung von Innovationspotential aus. Nicht umsonst gibt es Industrial Parks, Job Rotation oder technische Allianzen, damit man sich gegenseitig befruchtet, unterstützt und Anregungen bekommt. Interdisziplinäre Teams ermöglichen Problemlösungen, die der einzelne überhaupt nicht schaffen kann. Erfolgskontrolle sowohl im Soll-/Ist-Vergleich als auch in der Möglichkeit der Umsetzung der Idee und des Produktes im Markt sind außerordentlich wichtig.

Ich habe neulich mit Erschütterung wahrgenommen, daß ein sehr begabter Chemiker eines großen deutschen Chemiekonzerns mit 500 Patenten auf seinen Namen in den Ruhestand ging, und zwar unbefriedigt und enttäuscht. Kaum wenige seiner wirklich genialen Ideen waren in der Lage, das Unternehmen in neue Bahnen zu bringen. Er hatte seine Ideen weit ab vom Markt und den Erfordernissen der Umwelt vorbereitet. Man ließ ihn sträflicherweise im Stich und half ihm nicht, durch das entsprechende Environment, seine Schaffenskraft wirklich zum Nutzen des Gemeinwesens nach vorn zu bringen.

Damit möchte ich ganz bewußt auf die wichtige Kopplung zwischen Forschung und Entwicklung, Innovation und Markterfordernissen zu sprechen kommen. Das Unternehmen VARTA hat den Innovationspreis der Deutschen Wirtschaft in Silber erlangt.

Das geschah sicher nicht nach einem Schulbuchrezept und honoriert wurde auch nicht ein geniales, neues Produkt. Es wurde honoriert, daß wir in der Lage waren, innerhalb kürzester Zeit durch die Zusammenarbeit eines Forschungsteams aus unserem Forschungszentrum in Kelkheim und des Entwicklungsbereichs einer produzierenden Sparte in Ellwangen und deren Tochtergesellschaft in Singapur eine Grundidee in ein Produkt umzusetzen und es in Massestückzahl erfolgreich im Markt einzuführen. Es handelt sich hierbei um eine kleine wiederaufladbare Batterie, eine sogenannte Knopfzelle, die in tragbaren Telefonen und anderen tragbaren Geräten zum Einsatz kommt.

Von der technischen Seite ersetzten wir einfach die früheren sogenannten Nickel-Cadmium-Akkumulatoren durch Nickel-Hydrid-Akkumulatoren. Für den Insider heißt das, wir haben das Cadmium herausgenommen und durch eine Wasserstoffspeicherlegierung ersetzt. Das alles klingt sehr einfach, ist natürlich auch sehr einfach, aber die Jury hat honoriert, daß wir eine neue Technologie in kurzer Zeit aus dem Forschungsbereich in den Markt gebracht haben. Zu Ihrer Information: Wir produzieren heute von diesem Produkt einige 10 Millionen Stück pro Jahr und in der Endausbaustufe sparen wir rund 200 Tonnen Cadmium ein.

Wir haben uns gefreut und haben zusammen mit Freunden bei einer rauschenden Ballnacht in der Alten Oper in Frankfurt lange darüber diskutiert, philosophiert und zufrieden zurückgeschaut.

Für Innovationen gibt es kein einfaches Rezept

Ich kann Ihnen kein einfaches Rezept für Innovationen geben. Innovation ist eine Cocktailmischung aus Zielvorstellung, Mission, Begeisterung, Mut, rich environment und last but not least etwas Glück. Ein Dichter hat einmal gesagt: Schaut auf zu den Sternen, habt acht auf die Gassen!

Wir müssen einerseits an das Unmögliche glauben, aber den Boden der Tatsachen nicht unter den Füßen verlieren.

Ich bewundere Menschen, die in vielen Lebensbereichen gar nichts anderes tun können als geduldig hoffen gegen die Hoffnung. Ich verstehe aber andererseits nicht die Menschen, die aus offensichtlichen Gründen an Wunder glauben trotz klarer naturwissenschaftlicher Zusammenhänge. Ein aktuelles Thema dazu ist die Diskussion um das Elektro-Straßenfahrzeug.

Das gewachsene Umweltbewußtsein der Bürger und die kalifornische Gesetzgebung fordern emmissionsfreie Autos ab 1998. Die Lösung ist auf dem Papier ganz einfach. Man ersetze den Verbrennungsmotor durch einen Elektromotor und den Benzintank durch eine Batterie. Dann übersehen allerdings die Heilsapostel, daß es keine Wunderbatterie gibt, die dieses Elektroauto ohne Leistungseinbuße in die Tat umsetzen läßt. Es ist nämlich ein Fakt, daß der Energieinhalt eines Benzintanks auf das Volumen bezogen etwa hundertmal so groß ist wie der Energieinhalt der modernsten Batterie. Über's Knie kann man also keine Innovation brechen.

Wenn ich Ihnen schon kein Patentrezept für Innovation mit auf den Weg geben kann, dann wenigstens ein paar Hinweise, wie man Innovation stärker in das Bewußtsein aller Mitarbeiter eines Unternehmens bringen kann:

- ■ Das bei den Mitarbeitern vorhandene Innovationspotential muß aktiviert werden. Alle Mitarbeiter sollen sich mit dem Unternehmensziel der Innovationsförderung identifizieren. Es muß ihnen dazu der entsprechende Anreiz, die nötige Zeit zur Bearbeitung von neuen Ideen und die Unterstützung, das eigene Wollen zu nutzen, gegeben werden.

- ■ Alle Führungskräfte müssen sich mit dem Ziel der Förderung des Innovationspotentials aller Mitarbeiter des Unternehmens identifizieren. Führungskräfte sollen die Mitarbeiter auffordern, die Zusammenhänge im Rahmen eines Projekts oder von Zwischenprojekten zu hinterfragen, durch Beobachtung der eigenen Produkte im Unterschied zu den Wettbewerbern zu neuen Möglichkeiten zu kommen, strategische Überlegungen über die eigentliche Projektarbeit hinaus anzustoßen und damit Neuland zu betreten. Führungskräfte sollen Grenzen und Möglichkeiten eines Systems durch die Mitarbeiter aufzeigen lassen und sie motivieren und ihnen Mut zum Risiko und für neue Ideen geben.

- Innovationshemmnisse müssen überwunden werden. Anreiz und Erfolgswahrscheinlichkeit müssen in einem gesunden Verhältnis zueinander stehen. Fest steht: Innovation muß innerhalb des Unternehmens einen eigenen Stellenwert bekommen. Die Förderung des Betrieblichen Vorschlagswesens ist dazu ein Weg.

- Anhand von Beispielen aus der Vergangenheit oder angedachter Ziele muß den einzelnen Teams klargemacht werden, was „Innovation" alles beinhaltet. Zu Innovation zählen z. B. ein erfolgreicher Anlauf einer neuen Produktserie, ein überwältigendes Markenkonzept zur Eroberung neuer Märkte, neue Technologien für diverse Produktbereiche, sinnvolle und wirtschaftliche Umweltlösungen, erfolgreich durchgeführte Pressekonferenzen, ein erfolgreicher Workshop, ein erfolgreiches Qualitätsteam oder eine innovative Arbeitszeitregelung.

Gerade das letzte Beispiel zeigt deutlich, daß auch ein „nicht patentierfähiges Produkt" ein großes Innovationspotential für jedes Unternehmen ist und große wirtschaftliche Konsequenzen für die Mitarbeiter und das Unternehmen haben kann.

- Innovationsleistungen bzw. die Aufforderung hierzu sollten Eingang in die Mitarbeitergespräche finden – die Förderung der Innovation müßte im Rahmen der Führungsgrundsätze Pflicht eines jeden Vorgesetzten werden. Das Innovationspotential könnte auch erhöht werden durch Sondermaßnahmen, wie ein „Innovations-Wochenende", bei dem in interdisziplinären Arbeitsgruppen in Gruppenarbeit Ansatzpunkte zu den verschiedensten Themen erarbeitet werden.

- Last but not least kann die jährliche Vergabe eines Innovationspreises – wir tun das, glaube ich, erfolgreich in unserem Unternehmen – ein wesentliches Instrumentarium zur Innovations- und Kreativitätsförderung sein.

Zum Abschluß noch eine kleine, wiederum natürlich wahre Geschichte: Ein Kellner in einem Nobelrestaurant in der Nähe von Boston servierte einem Kunden einen frischen Lobster, der nur eine Schere hatte. Der Kunde fragte: „Warum hat dieser Lobster nur eine Schere?" Der Ober war sehr gut geschult und antwortete sehr elegant und schnell: „Da sehen Sie, mein Herr, wie frisch unsere Produkte sind. Dieser Lobster hat selbst noch in der Küche mit seinem Kontrahenten gekämpft". Und die Antwort des Kunden – erlauben Sie mir bitte, sie auf Englisch zu geben –: „Go get for the winner!"

Ein eindeutiges Signal, das ich weitergeben möchte. Versuchen auch Sie, wo immer Sie können, zu gewinnen. Ich wünsche Ihnen dazu viel Glück und Erfolg.

Einstellungs- und Bewußtseinswandel in der Berufs- und Privatwelt

Ulrich Schwalb

Arbeit, Leistungsstreben und berufliche Karriere nehmen als wichtigste Orientierungswerte und Lebensziele deutlich ab (Repräsentativerhebung Emnid/Allensbach). Arbeit wird mehr und mehr als notwendiges „Muß" erlebt, um das eigentliche „Leben" ..., die Freizeit zu finanzieren.

Qualitative Werte wie Freude, Enthusiasmus befriedigen emotionale Beziehungen, Offenheit, Vertrauen. Selbstverwirklichung wird in der Freizeit gesucht. Denn in der Arbeitswelt scheint kein Raum dafür zu sein – oder nur für wenige Privilegierte.

Lebenssinn- und Orientierungskrisen werden verschärft durch zunehmende Kritik an den Begleiterscheinungen unserer Industriegesellschaft und Angst vor der Zukunft.

Konsequenzen:
Abnehmende Identifikation mit der Arbeits- und Berufswelt ist

- für den einzelnen auf Dauer psychisch belastend und unbefriedigend, denn Leben ist nicht teilbar in eine Berufswelt und eine Privatwelt, weil sich beides wechselartig einfärbt,

- für das Überleben des Unternehmens bedrohlich, da Sicherheitsorientierung, „Dienst nach Vorschrift"-Mentalität die Leistungsfähigkeit und Innovationskraft eines Unternehmens reduziert.

Jede Führungskraft steht selbst in diesem geistig-emotionalen Prozeß der Auseinandersetzung und der Sinnklärung, denn sie muß nach neuen Motivations-, Steuerungs- und Kontrollsystemen oder anderen Lösungsmöglichkeiten suchen, um die Leistung noch zu steigern. Sie wird selbst daran gemessen, wie sie es schafft, bei sich und anderen mehr Leistung zu mobilisieren. Aber wie? Was tun?

Betrachten wir einmal kritisch die heutigen Managementkonzepte und Strategien, die empfohlen und praktiziert werden, um den aufgezeigten Tendenzen zu begegnen.

Strategie I: Ziel- und Ergebnissteuerung
Strategie II: Prozeß- und Verhaltenssteuerung
Strategie III: Einstellungs- und Bewußtseinsentwicklung

Strategie I: Ziel- und Ergebnissteuerung

Der gängigste Versuch, Unternehmen zu steuern, Mensch und System zu koordinieren, geschieht über das Setzen und Vereinbaren materieller Ziele. Ergebnisse: z.B. Umsatz, Gewinn, Deckungsbeiträge, Marktanteile ...

Kritische Anmerkungen:
Materielle Ziele/Werte sind notwendig, aber alleine nicht ausreichend, um Begeisterung, Energie und Freude zu wecken. Nach einer Sättigungsgrenze wird rein materielles Streben freudloser. Was heute fehlt, sind qualitative, emotionale, ethisch-ideelle Werte, für die es lohnt, sich einzusetzen, z.B. echter Teamgeist, das exzellente Produkt/Serviceangebot, befriedigende, offene und vertrauensvolle Beziehungen zwischen allen Ebenen und zu Kunden, Raum für Selbstverantwortlichkeit und Wahlfreiheit bei Tätigkeiten.

Strategie II: Prozeß- und Verhaltenssteuerung

Jedes Unternehmen versucht, durch ständige Optimierung der Verfahrens-, Organisations- und Handlungsabläufe Ergebnisse zu verbessern durch neue Informations-, Motivations-, Anreiz- und Bewertungssysteme, neue Techniken der Mitarbeiterführung, des Verkaufs, der Verhandlungsführung.

Kritische Anmerkungen:
Diese Optimierung für komplexe und arbeitsteilige Organisationen sind notwendig. Die Gefahr ist, daß der Perfektionswahn des Mr. Controlletti (ehemals Manager) den Enthusiasmus, die Freude von Menschen an ihrer Arbeit, lahmzulegen droht. Ein Zuviel an Reglementierung, Kontrolle, Absicherung treibt die fähigsten Mitarbeiter in die Flucht, in die Resignation und die innere Emigration. Innovationen werden seltener. Die Organisation pervertiert zur Bürokratie (...schlimmer Büromanie). Ein machtvoller Büro-Maniker kann ganze Gruppen von vitalen und arbeitsfreudigen Menschen auf Dauer lahmlegen.

Strategie III: Einstellungs- und Bewußtseinsentwicklung

Es ist eine Binsenweisheit, die bis heute aber leicht übersehen oder ganz vergessen wird: Die Quelle des Erfolgs (materiell und immateriell) ist der Mensch selbst, mit seinen Einstellungen und seinem Bewußtsein. Die jeweilige Einstellung des einzelnen Menschen zu sich selbst, zu anderen, zu seiner Arbeit und seinem Leben, seinem Unternehmen, seinen Kunden bestimmt seine Leistungs- und Innovationsfähigkeit. Negative Einstellungen bewirken negative Ergebnisse. Positive Einstellungen bewirken positive Ergebnisse.

Kritische Anmerkungen:

Das Gefährliche ist: Viele Menschen sind sich ihrer Einstellungsweisen, die letztlich ihr Handeln, ihren Erfolg/Mißerfolg und ihre Realität bestimmen, nicht bewußt. Sie geraten immer wieder in schwierige Situationen, ohne sich bewußt zu sein, daß sie diese selbst kreiert haben durch ihre jeweilige negative Einstellung. Sie machen aber andere dafür verantwortlich. Dies gilt nicht nur für den einzelnen, sondern auch für Arbeitsgruppen oder Abteilungen. Darum bringen auch viele neue Organisations-, Motivations- und Führungskonzepte (Strategie I + II) nicht den gewünschten Erfolg, wenn die Einstellung, das Bewußtsein vieler Mitarbeiter negativ geprüft ist und bleibt. Deshalb ist eine positive Einstellungs- und Bewußtseinsentwicklung aller Mitarbeiter entscheidend.

In welche Richtung sollte nun eine Einstellungs- und Bewußtseinsentwicklung zielen?

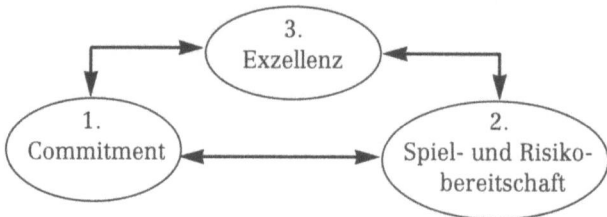

1. Einstellungs- und Bewußtseinsentwicklung Commitment

Ein berühmter Nobelpreisträger hat einmal über sich und seine Erfolge gesagt: „All what I have done ... I have done for the fun of it" oder eine taoistische Lebensweisheit sagt: „Der Weg ist das Ziel" oder der japanische Erfolg ist nicht das Ergebnis von mehr Intelligenz in der Kreativität, sondern das Resultat von mehr Commitment und Identifikation.

Commitment bedeutet: Mit 100% Hingabe das zu tun, was man tut. Commitment hat nichts damit zu tun, ein Workaholic zu sein,

ein Arbeitswütiger, der zwanghaft arbeitet aus der Flucht vor sich selbst oder seiner Familie. Commitment ist eine Einstellung und Geisteshaltung von Klarheit und Entschiedenheit, die jeweilige Tätigkeit mit Begeisterung und Freude zu erledigen, oder, wenn das nicht mehr möglich ist, sich eben aktiv zu verändern (Love it, change it or leave it). Lammentieren und jammern sind selbstdestruktive Einstellungen und können ein ganzes Betriebsklima vergiften ... und Bilanzen rot färben. Unternehmen leben nicht von ehrgeizigen Selbstdarstellungskünstlern oder Mißerfolgsvermeidern. Jede Führungskraft muß Commitment vorleben, wenn sie erfolgreich bleiben will.

2. Einstellungs- und Bewußtseinsentwicklung Spiel- und Risikobereitschaft

Um effizient zu sein, ist es nicht erforderlich, verbissen oder „gestreßt" zu sein. Im Gegenteil – kein Wunder, wenn der Arbeitsalltag für viel zu viele freudlos und subtil, auch angstbesetzt wird. Kein Wunder, daß in einer Atmosphäre von Hektik, Siegen-Müssen das Miteinander schwierig wird und das Motivieren so anstrengend. Was wir fördern müssen, ist die Einsicht und das Bewußtsein, daß Arbeit und Leben als Spiel (mit unsicherem Ausgang), als ein lebenslanger Lern- und Wachstumsprozeß verstanden wird. Man kann ein Spiel leidenschaftlich und mit Fröhlichkeit spielen, ohne ein Fanatiker zu sein. Im Spiel ist beides wichtig – gewinnen und verlieren. Das Gewinnen liefert mir Selbstbestätigung, Kraft und Mut. Die Niederlage, das Problem, der Fehler werden für einen guten Spieler wichtige Lernerfahrungen, Impulse zum besseren Spiel, zur Veränderung ... zur Innovation. Endlose Rechtfertigungen, Schuldverschiebungen bei Problemen und Konflikten kosten Geld und Spaß und blockieren Handlungen. Dann ist Selbstverwirklichung, Einsatzfreude ein tägliches Erlebnis und nicht erst in der knappen Freizeit zu suchen. Aus dieser Bewußtseinshaltung zur Arbeit und zum Leben erwächst auf natürliche Weise Risikobereitschaft, Neugierde und Innovationsfähigkeit, die notwendig ist, um in Zeiten des Wandels zu überleben. „Der Weg geht da lang ... wo die Angst ist."

3. Einstellungs- und Bewußtseinsentwicklung Exzellenz

Wenn in einem Unternehmen der Geist von Exzellenz bestimmt wird, dann ist Arbeit eine ständige „Creation": Ein Schaffen von etwas besonderem, einzigartigem – eben des kleinen Unterschieds, mit dem man im Wettbewerbsspiel die Nase vorn hat. Dann kann sich wieder bei dem Mitarbeiter das Gefühl einstellen, daß er stolz ist auf sich, seine Leistung, seine Produkte, Dienstleistungen und sein Unternehmen. Exzellenz bedeutet ganz einfach: Wenn ich etwas mache, mache ich es gut und einzigartig – wie es mir möglich ist. Jede Arbeit ist meine Visitenkarte.

Aus dem Bewußtsein von Commitment und Spiel und Risikobereitschaft entsteht Exzellenz. Die Orientierung an Exzellenz ist eine Maxime, die viele heutigen Managementprobleme löst. Exzellenz im Unternehmensalltag bedeutet Qualität in allen Aktionen, z.B. jeden Kunden wie einen Partner zu behandeln mit Verstand und Gefühl, mit Servicebereitschaft. Produkte, Dienstleistungen so zu gestalten, daß sie einzigartig sind, von echtem Wert und Qualität. Mitarbeiter und Kollegen als „Mitspieler" zu verstehen und zu unterstützen beim gemeinsamen Spiel. Ein emotionales Klima von Offenheit, Vertrauen, Ehrlichkeit zu schaffen, in dem sich jeder als Individuum respektiert fühlt.

Eine pragmatische und ethische Vision

Um mit derzeitigen Sinn-Orientierungs- und Motivationskrisen umzugehen, braucht jedes Unternehmen, jede Führungskraft eine pragmatisch-ethische Vision, eine Vorstellung, wie Unternehmen heute und in Zukunft gestaltet werden können.

Die heutige Führungs- und Unternehmensorganisation steht vor der existentiellen Problematik, ob sie sich mehr und mehr zur Bürokratie „verorganisiert" und auf diesem Weg zunehmender Reglementierung und Übersteuerung in die Paralyse und Ineffizienz manövriert, oder ob sie sich transformiert zu einer neuen Art

Unternehmen als Community
- Hohe Wirtschaftlichkeit und hohe Innovationsrate
- Orientierung an Exzellenz- Commitment- Risikobereitschaft
- Klare Agreements/Spielregeln, die selbstverantwortlich ausgehandelt und eingehalten werden
- Materielle und ideelle Orientierungen
- Offene und respektvolle Konfliktaustragung
- Gemeinsinn und Teamgeist

Transformation

Unternehmen als Organisation
- Effizienz und Leistung ... aber unter hohem Aufwand an Hektik, Kampf
- Egozentrik und ihre Kosten
- Hoher Aufwand an Belohnungs- und Sanktionssystemen
- Hoher Kontrollaufwand
- Viel Energie gegen Personen im Karrierewettstreit statt gegen Probleme
- Lange Zeit für das Durchsetzen von Innovationen

Abstieg

Unternehmen als Bürokratie (Büromanie)
- Abnehmende Wirtschaftlichkeit und Innovationsrate
- Zwischenmenschliche Reibungsverluste
- Hohe Motivationskosten
- Dienst nach Vorschrift
- Reaktion und Absicherung statt Initiative
- Permanente Unzufriedenheit und Anspruchsdenken

von Gemeinschaft, einer „Community" von unternehmerisch denkenden, fühlenden und handelnden Menschen, die sich materiellen und ideellen Werten verpflichtet fühlen.

Heute ist Wendezeit. Wir werden in Zukunft nur erfolgreich sein, wenn sich unsere Unternehmensorganisation zur Community entwickelt, einem Netzwerk von funktionierenden Teams. Die Herausforderung an uns alle ist, sich auf pragmatische und ethische Werte zu besinnen. Eine Bewußtseinsentwicklung zu mehr Commitment, Spiel- und Risikobereitschaft sowie zu Exzellenz schafft die Basis für das Unternehmen als eine Gemeinschaft ..... eine Community.

Die Idee einer Gemeinschaft bietet den Menschen eine positive Vision und ein Wertsystem, das ihn anspricht in seinen materiellen und immateriellen Bedürfnissen. Dann sind Arbeit und Freizeit Spielfelder, die zum Engagement und „Creation" herausfordern ... und dann macht Arbeit Spaß.

Fazit Modul 3: Bausteine zur Einmaligkeit – Wege in eine erfolgreiche Zukunft

Tatsächlich muß man seinen eigenen Weg zur Einmaligkeit finden. Wenn es dafür einfache Rezepte gäbe, wären wir wahrscheinlich alle schon „einmalig" und von lauter Erfolgreichen umgeben. An dieser Stelle seien allerdings die Aspekte zusammengefaßt, die die Quintessenz unser Diskussion mit Referenten und Diskussionsteilnehmern diesbezüglich darstellen. Zusammen mit den Erkenntnissen der ersten beiden Kapitel sollen sie zusätzliche Orientierung für die Entwicklung eines ganzheitlichen Veränderungsprozesses in der eigenen Organisation geben.

Die Aufgabe der Führungskräfte besteht kontinuierlich darin, das Unternehmen nicht so zu sehen, wie es ist, sondern so, wie es sein soll.

Innovation hat die Wurzel in der Einstellung jedes Einzelnen. Individuelle Barrieren wie tradiertes Verhalten, Entschlußlosigkeit, Mangel an Selbstvertrauen, überzogenes Sicherheitsdenken müssen durch die Führungskräfte offen angesprochen und bewußtgemacht werden. Dann besteht die Chance zur gemeinsamen Überwindung.

Die persönliche Entwicklung, wie auch die Entwicklung des Unternehmens gehen nur über die Herausforderung von Erfolg und Niederlage. Beides sind wichtige Lernerfahrungen und Impulse zur Innovation. Der Weg geht da lang, wo die Herausforderung (Angst) ist. So bleiben Selbstrespekt und Selbstmotivation bei Führungskräften und Mitarbeitern erhalten. Der vermeintlich sichere Weg bindet an die Vergangenheit und die ist bekanntlich vorbei.

Im Klima von Konkurrenz wird die kreative Energie verbraucht, mißbraucht im Kampf zwischen Personen. Kreativität entwickelt sich im Miteinander, im Wir-Gefühl.

Innovation braucht deshalb eine entsprechende Unternehmenskultur. Es geht darum, daß die Mitarbeiter Mut haben, Risiken zu tragen, und nicht bestraft werden, wenn sie Fehler machen. (Nur den gleichen Fehler mehrmals machen ist schlimm.) Kultur ist ein weicher Faktor, und sie ist eine Sache der menschlichen Umgebung, die zur Innovation ermutigt.

Die deutliche Orientierung an den tatsächlichen Bedürfnissen der Kunden ist ein Schlüsselerfolgsfaktor für unternehmerische Exzellenz. Das heißt auch, daß es gilt, sich auch Fragen zu widmen, die üblicherweise nicht bis zum Top-Management vordringen.

Bevor extern sichtbare Qualität und Exzellenz entstehen kann, müssen erst die internen „Hausarbeiten" gemacht werden, d. h. es gilt tatsächlich, innen ehrlich und gut zu sein und dies im Haus zu kommunizieren. Interne Kommunikation ist ein strategischer Erfolgsfaktor.

Einbettung aller auf Innovation zielender Maßnahmen in ein konsistentes Innovationsmanagementsystem. Dies sollte mindestens umfassen:

- Kontinuierliche und projektabhängige Maßnahmen zur Ideengenerierung (Verbesserung bzw. Durchbruchsinnovationen bei Produkten und Prozessen),

- Institutionalisierte Ideenbewertung und Rückmeldung,

- Dokumentation weiterverfolgungswürdiger und abgelehnter Ideen,

- Priorisierung von Ideen über vereinbarte Projektzielprofile,

- Projektmanagementsystem zur Abarbeitung und Implementierung der Ideen.

Das Denken und Arbeiten in Netzwerken unabhängiger Einheiten (Produktionsnetworks in Kombination mit Forschungs-/ bzw. Entwicklungsinstituten und einer Managementgesellschaft) kombiniert das häufig notwendige Spezialistentum mit der erforderlichen Flexibilität, Schnelligkeit und unternehmerischen Initiative. Netzwerke erscheinen heute im Bereich der Innovation als geeignete Alternative zum Ansatz über klassische Unternehmensstrukturen.

Beenden wollen wir dieses Buch mit einem schönen Satz von Goethe. „Es geschieht nur, was wir tun." Also tun Sie das, was die Erfolgreichen von den weniger Erfolgreichen unterscheidet: Halten Sie die Lücke zwischen Wünschen, Hoffnungen, Zielen und der Realität möglichst klein. Wir und die Referenten unserer Managementforen wünschen Ihnen dazu Mut, Energie und das notwendige Selbstvertrauen.

Autoren und Herausgeber

Jürgen Bohne
Trainer und Coach für Führungskräfte und ihre Mitarbeiter. Nach dem Studium der Automobiltechnik in Hamburg war er 20 Jahre in der Industrie tätig (BMW, Mercedes-Benz). Dabei lernte er alle Bereiche von der Entwicklung, Vertrieb, Produktion bis zur Organisationsgestaltung kennen. Seit 1990 ist er selbständig und gestaltet Bereichsentwicklungen im Unternehmen für abteilungs- und unternehmensübergreifende Prozesse.

Dr. Reinhard Gereth
Er ist Mitglied des Vorstands der VARTA Batterie AG und zuständig für Forschung und Entwicklung. An der Johann-Wolfgang-Goethe-Universität in Frankfurt studierte er Physik und war von 1961 bis 1981 in USA und Deutschland in der Elektronik-Industrie tätig.

Dr. Rosemarie Hardt
Sie begann 1972 ihre berufliche Laufbahn als Angestellte bei der Landeshauptstadt Hannover. Von 1985 bis 1990 studierte sie Wirtschaftswissenschaften an der Universität Hannover und arbeitete 1990 als nebenamtliche Dozentin an der niedersächsischen Fachhochschule für Verwaltung und Rechtspflege. Anschließend war sie bei der Mercedes-Benz AG, Werk Hamburg, tätig. Als externe Doktorandin an der Universität Hannover, Institut für Unternehmensplanung promovierte sie im Januar 1995 (Thema: „Logistik-Controlling für industrielle Produktionsbereiche auf der Basis der Prozeßkostenrechnung"). Seit Februar 1995 ist sie Dozentin/Professorin für allgemeine Betriebswirtschaftslehre mit den Schwerpunkten Kostenrechnung und Controlling an der Berufsakademie Berlin.

Michael A. Konitzer
Er baute 1994 die Abteilung „TrendResearch" bei Scholz & Friends auf, den ersten Trendberatungs-Service einer deutschen Werbeagentur. Ursprünglich ist er Journalist. Sein spezielles Metier waren immer Trends und „Zeitgeist". 1980 gründete er die "Münchner Stadtzeitung" (jetzt „Prinz München"). 1986 startete er die deutsche Ausgabe des „Wiener", der „Zeitschrift für Zeitgeist". Er war dort zuletzt stellvertretender Chefredakteur. Seit 1991 arbeitet er als Trendforscher („Trendfax") und entwickelte ein eigenes internationales TrendMonitoring-System.

Claudio Kürten
Er machte eine Ausbildung zum Industrie- und Verlagskaufmann und studierte anschließend Betriebswirtschaft. Er ist Spezialist für Personal- und Organisations-Entwicklung und konzentriert sich seit 1986 auf Kosten- und Innovations-Management im Krankenhaus.

Klaus Meinert
Nach Ausbildungen in der Gestaltung, Drucktechnik und Betriebswirtschaft ging er als Werbekaufmann nach New York und später zur Werbeagentur Verclas & Böltz nach Hamburg. Seit 1976 ist er geschäftsführender Gesellschafter von der Werbeagentur Wolff & Winderlich, Hamburg und seit 1987 geschäftsführender Gesellschafter von Windi Winderlich Design, Hamburg.

Dr. Michael Pankow
Er machte nach Abitur und Marinezeit 1982 sein Examen zum Dipl.-Kfm. und promovierte 1986. Von 1977 bis 1982 leistete er diverse Praktika und Trainees im In- und Ausland ab und war anschließend ein Jahr als Bezirksleiter und Gebietsverkaufsleiter bei Philipp Reemtsma/Hamburg tätig. Von1989 bis 1992 war er Marketing- und Vertriebsleiter für die Bereiche Industrie- und Lagebehälter in Europa bei der Schütz GmbH & Co. KG. Seit 1993 ist er Geschäftsführer der Friedrich Grohe AG, Deutschland.

Werner Schalow
Seit 1979 ist er bei Mercedes Benz tätig. Dorthin kam er nach einem Maschinenbaustudium und einer Beschäftigung bei Blohm +

Voss. Im Rahmen seiner verschiedenen Tätigkeiten bei Mercedes machte er diverse Zusatzausbildungen, u.a. eine betriebswirtschaftliche Ausbildung an der Fachhochschule in Hamburg. Heute ist er Leiter für Werk- und Gebäudeplanung bei der Mercedes Benz AG, Werk Hamburg.

Ulrich Schwalb
Geschäftsführender Partner im „Institut für angewandte Kreativität, IAK" in Burscheid bei Köln. Er beschäftigt sich schwerpunktmäßig mit Führungskräfte- und Persönlichkeitsentwicklung, sowie mit Projekten zur Intensivierung von Kooperation, Kommunikation und Innovation.

Stefan Skirl
Nach dem Studium der Wirtschaftswissenschaften wurde er Partner und Mitbegründer des „Instituts für angewandte Kreativtät". Sein Aufgabengebiet ist hier: Coaching, Begleitung und Moderation von Projekten, Organisationsentwicklung, Initiieren von Innovationsprozessen, Vorträge und Seminare.

Otto Walter Uhl
Mitglied der Geschäftsführung der 3M DEUTSCHLAND GMBH, Neuss. Seit 27 Jahren im Unternehmen tätig wo er 1966 als Verkaufsleiter für Büro-Informations-Systeme begann. 1993 wurde er Director Corporate Marketing & Public Affairs Marketing Development, Communications, Public Relations, Fairs and Exhibitions/Event Marketing, Public Affairs.

Schwester Teresa Zukic
1964 in Kroatien geboren, machte sie 1984 ihr Sportabitur und trat 1985 ins Kloster bei den Vinzentinerinnen in Fulda ein. Hier übernahm sie verschiedene Tätigkeiten im Krankenhaus; Altenheim, Kinderdorf, Sonderschule, Behindertenheim und absolvierte eine Ausbildung zur Altenpflegerin und zur Dipl.-Religionspädagogin. Seit 1992 ist sie Gemeindereferentin für zwei soziale Brennpunktgemeinden in Hanau mit Religions- und Berufsethikunterricht, Kinderbuchautorin, komponiert und initiiert Rockmusik. 1994 gründete sie die „Kleine Kommunität der Geschwister Jesu".

Für Ihre Anregungen, Anmerkungen und Notizen:

Für Ihre Anregungen, Anmerkungen und Notizen:

Für Ihre Anregungen, Anmerkungen und Notizen:

Bisher erschienen

Lutz Becker/Andreas Lukas (Hrsg.):
Effizienz im Marketing
Marketingprozesse optimieren
statt Leistungspotentiale vergeuden
1994, 240 Seiten, Brosch., ISBN 3-409-18775-8

Viele Unternehmen übersehen, daß die eigenen Leistungspotentiale bei weitem nicht ausgeschöpft sind. Die Autoren stellen praktikable Methoden und Werkzeuge vor, mit denen Prozesse des Marketing unter Effizienzkriterien erfolgreich gesteuert werden können.

Susanne Behrend/Mummert & Partner FVT:
Fit in Schlips und Kragen
Ein Trainingsleitfaden für den Berufsalltag
1994, 180 Seiten, Brosch., ISBN 3-409-18779-0

„Fit in Schlips und Kragen" zeigt einen Weg zur Fitneß auf, der wenig zeitaufwendig aber effektiv ist. In über 150 Übungen geht die Autorin auf die Bereiche Herz-, Kreislauf-, Körperaufbautraining, Atem- und Entspannungstherapie und Haltungsschulung ein. Alle Übungen können auch während der Arbeitszeit durchgeführt werden.

Stefan Skirl/Ulrich Schwalb (Hrsg.):
Das Ende der Hierarchien
Wie Sie schnell-lebige Organisationen erfolgreich managen
1994, 216 Seiten, Brosch., ISBN 3-409-18738-3

Die starren, militärischen Strukturen der Hierarchie im Unternehmen werden dem schnellen Wandel des Marktes nicht mehr gerecht. Welche Möglichkeiten es gibt, neue Ideen und neue Organisationsformen zu entwickeln, zeigen die Autoren dieses Buches an praktischen Beispielen.

Bisher erschienen

Karl-Otto Sünnemann/Stefan Oefner-Py/
Jan Mees/Herrmann Loddenkemper:
Sinn-Management
Mehr Effizienz durch Zusammenwirken
1994, 176 Seiten, Brosch., ISBN 3-409-18739-1

Mehr Effizienz durch Zusammenwirken lautet die Botschaft mit der Menschen in die Lage versetzt werden, eigene Potentiale zu nutzen und auf eigene Kräfte und innere Ressourcen zu vertrauen. Im „Sinn-Management" wird dieses Zusammenwirken analysiert, wie es entsteht und wächst, wie es erlebt wird, welche Erfolge, aber auch welche Probleme es gibt.

Wolfgang Saaman/Karsten Bredemeier/
Albrecht Eckstein/Klaus Hildebrandt (Hrsg.):
Führungspower
Konzepte und Instrumente für mehr Effizienz
1994, 176 Seiten, Brosch., ISBN 3-409-18724-3

Gibt es wirklich den optimalen Führungsstil? Was sind die Kern-Elemente einer Lean-Management-Strategie? Was sollte bei der eigenen Karriereplanung beachtet werden? Diesen und weiteren Fragen gehen die Autoren nach und stellen dabei so manches in Frage.

Barbara Heitger/Christof Schmitz/Betty Zucker (Hrsg.):
Agil macht stabil
Die Zukunft der internen Dienstleister
1994, 224 Seiten, Brosch., ISBN 3-409-18777-4

Immer mehr Unternehmen experimentieren mit neuen Organisationsformen für die verschiedensten Funktionen interner Dienstleister. Welche Wege sie dabei gehen können, zeigt „Agil macht stabil" deutlich.

CONNECTIONS

Für innovative Führungskräfte

GABLERS MAGAZIN:

State of the Art im Management.

■ **GABLERS MAGAZIN**
– verbindet avantgardistisches Managementwissen mit der Praxis.

■ **GABLERS MAGAZIN**
– mit dem vierteljährlichen Newsletter des European Consultants Unit (E.C.U.).

■ **GABLERS MAGAZIN**
– mit dem vierteljährlichen St. Galler Management Letter.

■ **GABLERS MAGAZIN**
– namhafte Autoren, fundiertes Know-how, praxisnahe Berichte.

Fordern Sie noch heute zwei kostenlose Probehefte **GABLERS MAGAZIN** an – für den Erfolg Ihres Unternehmens und für Ihre Karriere.

▼ **COUPON** ▼

Ja, ich möchte zwei aktuelle kostenlose Probehefte **GABLERS MAGAZIN**. Sollte ich an einem regelmäßigen Bezug von **GABLERS MAGAZIN** nicht interessiert sein, gebe ich Ihnen innerhalb von 10 Tagen nach Erhalt des zweiten Heftes eine kurze schriftliche Mitteilung. Wenn Sie nichts von mir hören, möchte ich mein Abonnement zum Jahresbezugspreis von DM 158,– (Studentenvorzugsangebot DM 98,–) jährlich mit 10 Heften, inklusive 2 Doppelausgaben, frei Haus. Ausland zuzüglich Versandkosten. Änderungen vorbehalten.

Name/Vorname

Firma

Straße/Postfach

PLZ/Ort

Datum/Unterschrift

GABLER
Fax (0611) 59 87 83

Taunusstraße 54
Postfach 1546
65005 Wiesbaden

MIX
Papier aus verantwortungsvollen Quellen
Paper from responsible sources
FSC® C105338

If you have any concerns about our products,
you can contact us on
ProductSafety@springernature.com

In case Publisher is established outside the EU,
the EU authorized representative is:
**Springer Nature Customer Service Center GmbH
Europaplatz 3, 69115 Heidelberg, Germany**

Printed by Libri Plureos GmbH
in Hamburg, Germany